OLHAR DE
DESCOBERTA

LÚCIA PIMENTEL GÓES

OLHAR DE
DESCOBERTA

Proposta analítica de livros que
concentram várias linguagens

Edição revista, aumentada e renovada

Dados Internacionais de Catalogação na Publicação (CIP)
(Câmara Brasileira do Livro, SP, Brasil)

Góes, Lúcia Pimentel
    Olhar de descoberta : proposta analítica de livros que
concentram várias linguagens / Lúcia Pimentel Góes – 3. ed. – São
Paulo : Paulinas, 2009.

    Bibliografia.
    ISBN 978-85-356-1095-6

    1. Literatura infanto-juvenil – História e crítica 2. Literatura
infanto-juvenil – Linguagem I. Título. II. Título: Proposta analítica
de livros que concentram várias linguagens.

09-11414   CDD-809.89282

Índice para catálogo sistemático:
1. Literatura infantil e juvenil : Linguagem : História e crítica   809.89282

Direção geral:	Flávia Reginatto
Editora responsável:	Noemi Dariva
Copidesque:	Cristina Paixão Lopes
Coordenação de revisão:	Andréia Schweitzer
Revisão:	Patrizia Zagni e Ana Cecilia Mari
Direção de arte:	Irma Cipriani
Gerente de produção:	Felício Calegaro Neto
Capa e editoração eletrônica:	Sandra Regina Santana
Ilustrações:	Roberto Melo (pp. 19, 23, 25, 36, 39, 53, 83, 145, 161)
	Eva Furnari (pp. 43, 65)

3ª edição – 2009
1ª reimpressão – 2014

Paulinas

Rua Dona Inácia Uchoa, 62
04110-020 – São Paulo – SP (Brasil)
Tel.: (11) 2125-3500
http://www.paulinas.org.br
editora@paulinas.com.br
Telemarketing e SAC: 0800-7010081

© Pia Sociedade Filhas de São Paulo – São Paulo, 2003

Agradecimentos

Às diversas editoras que, solidárias, permitem a reprodução de textos e imagens de suas publicações.

A Isis Valéria Gomes, Edmir Perrotti, Ângela Lago, Paulinas editora, Marica Ditt pela contribuição por meio de textos significativos, trazendo experiência, visões produtivas, e ampliando nossa proposta.

Dedicatória

Aos professores, os super-heróis brasileiros, que, apesar de tudo, em maratona de fé e amor, passam de mão em mão, de geração em geração, a tocha de um Brasil justo, livre, fraterno e soberano. O meu obrigada pelo estímulo e carinho de sempre.

Sumário

Nota prévia

O vasto campo da literatura infantil e juvenil,[1] principalmente no que se refere a um recorte na área desta literatura, denominamos objeto novo.

Esta proposta originou-se de uma práxis e de uma reflexão nascidas ao longo dos cursos que ministramos (na Universidade de São Paulo ou fora dela). Percebemos o "condicionamento" que aprisiona a literatura de grande número de professores, quando o objeto livro é o de literatura infantil e juvenil. Há ilustração? Para muitos, trata-se de mero desenho, que não merece um olhar mais demorado, está ali apenas para atrair a criança. Mesmo o desenho-ornamento, referencial ou reiterativo, encerra arte, detalhes e percepções que também precisam ser lidos.

O livro tem bastante ilustração? Então, pensam muitos, pouco ou nada há para ser lido. O carimbo já enquadrou: é para distrair ou fazer passar o tempo dos pequenos, coisa de criança... Ora, essa postura é a do leitor que chamamos "cabeça-feita", que em plena era dos multimeios só sabe ler códigos verbais (isto quando foi devidamente preparado; a maioria não sabe como ler literatura para crianças e jovens). Livros há "sem textos verbais", ou, se preferirem, "só-imagem", cujo primeiro receptor é o adolescente ou o adulto. Mas o diálogo no livro objeto novo não se limita ao verbal + imagem. Podem comparecer os mais diferentes e felizes cruzamentos de linguagens: verbais e não verbais; do contraponto à música de câmera; desta à polifônica.

O professor precisa derrubar seus "muros de Berlim": seja ele professor P1, P2, P3, Ph.D., P à enésima potência!!! Gostaria que, como em muitas outras profissões, ele se diplomasse professor, sem números 1, 2, 3. Aliás, está prevista na LDB a mudança desse quadro. O problema pode persistir

---

[1] Não temos o menor preconceito quanto à especificação "Infantil e Juvenil", pois não a empregamos na leitura em viés de "pueril ou de infantilizado"; ao contrário, para nós, "infantil e juvenil" remete a exigências de clareza, lucidez, síntese, ludismo, poeticidade. Evidente que, em se tratando de arte e de literatura, nada impede que agrade e satisfaça ao leitor adulto leigo ou crítico.

aos professores formados até agora, porém há um prazo para eles fazerem cursos de magistério superior ou outra faculdade até 2006. As especializações viriam *a posteriori*; o curso de quatro a seis anos, amplo, denso, exigente, com currículo repensado objetivamente. A educação dos pequeninos, cuja arquitetura de personalidade completa-se até os seis, sete anos, jamais poderá estar a cargo de um P1 egresso de um magistério no qual os currículos são mínimos, atomizados, com uma "fachada" de seis meses de literatura infantil e juvenil (salvo as honrosas exceções). A culpa desta situação — todos conhecem — é a inexistência de uma vontade de que a educação e a cultura, neste país, assim como seus profissionais, recebam apoio e instrumentos eficazes.

Este livro nasceu de aulas nas quais procuramos estimular o professor-guia-da-aventura-de-ler-vivendo a ver, decodificar, significar as diversas linguagens (organizadas e articuladas em tessitura) em intertextualidade, movido por sua percepção-descoberta, sua intuição e sensibilidade, somando seus textos vividos e textos lidos. Procuramos indicar-lhe ferramentas que o instrumentalizassem no avanço de seus próprios percursos... conhecendo e estudando outros códigos.

Os professores estão sequiosos; buscam, caminham de sol a sol e sob a chuva quilômetros, a pé ou motorizados, pois os move um ideal maior: ideal de serem fonte, depois de abastecerem-se, lerem, exercitarem-se nos códigos literários, pedagógicos, extraliterários, na práxis do cotidiano da sala de aula; lendo livros de literatura infantil e juvenil em percurso histórico, apoiados na teoria da literatura, na teoria da literatura infantil e juvenil e em seu próprio olhar de descoberta — que é somado ao da criança e ao do jovem. Juntos *querem e* podem DESCORTINAR NOVOS HORIZONTES.

Primeira parte

Em busca da ad-mira-ação do olhar primeiro
ou
do reconhecimento dos mecanismos
que acompanham o bebê-nascido

— de olhos fechados —
e seu olhar de aprendizado de vida.

CAPÍTULO I

LEITURA HOJE

A leitura também tem sua história. Como estamos lendo hoje? Em cada época leu-se diferentemente. O dominante, o tradicional, foi o modo de ler centrado no adulto. Não se admitia um leitor ativo, movido por seus sentidos. Na literatura infantil e juvenil tradicional, ligada à pedagogia, a criança é um receptor passivo. A história infantil era vista como um processo de transmissão de informações morais.

A concepção atual rompeu com essa ideologia.

Repetindo, os "sentidos da leitura", as significações, também têm sua história. É o chamado contexto socio econômico religioso etc.

Os textos vivem em intertextualidade. A professora, os alunos, a sala, o real (moeda), fundamentalismos de toda ordem são elementos que vão se cruzar, intertextualizar... um sobre o outro, formando uma tessitura, um tecido, um desenho. Como leitor, devo estabelecer uma hierarquia. Mas se a trago pronta para a leitura, venho com um condicionamento, o que resultará em prejuízo ao "olhar de descoberta". Preciso ler a *intertextualidade*, o texto como organização de linguagens. O condicionamento, a identificação prévia, impede a intertextualidade. A leitura de identificação, ou leitura em paráfrase, em relação direta com a lógica da palavra, apenas me faz compreender o mínimo desse texto.

O limite máximo será dado pelo grau de possibilidades que o texto oferece. Já se insistiu, e muito, que o vestibular mede pela leitura parafrástica, deixando de lado o texto como sistema de intertextos. Devemos procurar recuperar, reconstruir a leitura de qualidade.

TEXTO / TESSITURA / TECIDO / TRAMA

Pretendemos formar um leitor sujeito, agente sensível que não se curva à leitura de texto crítico da autoridade escolar.

O leitor passivo, na leitura tradicional, não era movido por seu sentir, não tinha *olhar*, não admirava; por não ter os sentidos despertos (a memória ativada e acionada), via apenas o que queriam que visse, não o que existia.

Ora, mesmo hoje, por "n" motivos, a escola, quando não escamoteia, não oportuniza a leitura ativa... Precisamos tornar a criança (ou qualquer leitor) ativa, participante, comunicativa.

IMAGINAÇÃO = IMAGEM + AÇÃO

A imaginação estabelece com a realidade um diálogo constante. Ação de imaginar que alimenta nossa imaginação criadora. Imaginar que reconhece, conhece de novo. Vê o texto como prática intertextual e intersemiótica, a linguagem em sua dialética de renovação.

Leitor-interlocutor do diálogo — operador de linguagens, espaço de leitura — deflagrador de outra ação, de outra revolução.

Aprender a lição bíblica de que é "bom ver o mundo como se fosse a primeira vez" (na intertextualidade de Ziraldo em *O menino mais bonito do mundo* — ver bibliografia). Olhar de ato, distante anos-luz do hábito, do estereótipo, do rótulo. Uso inteligente em olhar que percebe, assimila, devolve.

"Sinestesia da percepção", porque sensação desperta por vários e variados cruzamentos dos sentidos. Para que assim aconteça, é necessário ter os cinco sentidos do equipamento humano despertos: visão, audição, paladar, tato, olfato mais intelecto interagindo.

Entre os conceitos de leitor e leitura, lembramos o adotado pelas professoras pesquisadoras da literatura infantil, da Pontifícia Universidade Católica (PUC) de São Paulo: "Leitura é o desenvolvimento da percepção dos sentidos". Conceito muito importante que deve ser refletido e debatido, pois é bastante produtivo.

Ler é relacionar cada texto lido aos demais anteriores (textos-vida + textos lidos) para reconhecê-los, significá-los e assimilá-los; processo que dota o leitor da capacidade de ad-mira-ação (olhar que apreende e aprende) e o torna um leitor-sujeito de sua própria história. O ato de leitura é revolucionário, pois transforma o leitor passivo em leitor ativo, um co autor, doador de sentidos.

Portanto, ler é mais do que decodificar o código escrito, segundo o sentido atribuído pelo escritor. Ler é debruçar-se, explorando os próprios sentimentos, examinando as próprias reações por meio da relação que o texto oportuniza. O texto ficcional (literário e artístico) o faz de forma lúdica, possibilitando o aprendizado que as situações do mundo real não oferecem, antes bloqueiam, traumatizam ou subvertem.

O aprendizado a partir da relação leitor-texto parte dos aspectos sensoriais (ver, ouvir os símbolos linguísticos), emocionais (identificar-se, concordar, discordar, apreciar) e racionais (analisar, criticar, correlacionar, interpretar).

Assim, diversos níveis de leitura projetam-se do texto para a vida, fazendo do leitor sujeito de sua própria história, senhor de nova linguagem, capaz de uma ação-revolução (revolução do latim *revolvo, revolvis, revolutum, revolvere* = revolver, tornar a volver, experimentar de novo).

O leitor que assim lê desenvolverá sua expressão criadora ou sua capacidade de criar, inventar, relacionar, comparar, escolher, optar, devolver. Seu percurso será o do desenvolvimento global necessário para o anseio de construção humana.

Capítulo II

OBJETO NOVO

Situamos o livro de literatura infantil e juvenil entre duas balizas: o texto só-imagem, de um lado, e, de outro, o texto só-verbal. Entre ambas há um rico e variado acervo de obras que concentram várias linguagens.

Portanto, *objeto novo* é a denominação por nós sugerida para os livros que apresentam uma concentração de linguagens de natureza vária e variada. Para lê-lo em fruição plena é preciso um *olhar de descoberta*.

Retomando o tema leitura lembramos a proposta de Reis:[1]

> O conceito de leitura pode ser encarado sob diversas perspectivas teóricas e abordado sob diferentes prismas metodológicos, da sociologia da leitura à teoria da comunicação, passando pela psicolinguística, pela teoria do texto e pela estética da recepção. Em termos genéricos, sem prejuízo dessa efetiva pluralidade de

---

[1] Reis, C., 1988.

enquadramentos e de eventuais acepções translatas (por exemplo: a leitura de um filme), o conceito de leitura pode ser entendido como "operação pela qual se faz surgir um sentido num texto, no decurso de certo tipo de abordagem. [...] Fatores de ordem semionarrativa que condicionam o texto narrativo (narratividade), mas também as circunstâncias psicológicas e socioculturais que usualmente envolvem a leitura da ficção narrativa".

Com apoio de Cohen,[2] que demonstra a interligação "dos textos literários com os atos humanos básicos, com as fontes da linguagem e da nossa humanidade", propomos o conceito de leitura como operação que faz surgir sentidos no texto, sendo o leitor coprodutor ou coautor do texto, visto ser ele quem concretiza esses sentidos e deles se apossa. Fazendo comparecer Antonio Saraiva:[3] "A arte nasce da realidade, desprende-se da realidade e renasce na realidade. Só a existência subjetiva da emoção prova a existência objetiva da obra de arte.

Fisher[4] completa: "A arte é necessária a fim de que o homem possa conhecer e transformar o mundo. Mas é igualmente necessária em virtude da magia que lhe é inerente".

A recepção supõe o repertório do receptor e sua atuação reflexiva sobre o objeto novo. Resulta em metalinguagem ou leitura metalinguística. Muitos dos sentidos do texto dependem da produção de sua leitura para sua revelação/desvelamento.

O livro infantil sabe-se arte, literatura, e passa por modificações introduzidas por outras tecnologias, indo da linguagem dos quadrinhos à dos meios eletrônicos. O texto, objeto real, com linguagem verbal, visual e grafotipográfica, extrapola o invólucro físico tradicional. Temos brinquedos-livro, jogos-livro, livros de pano e outros materiais. Esse *objeto novo* toca nos sentidos do equipamento humano, como já referimos.

O professor, guia dessa descoberta, precisa inserir a criança ativa, participante, comunicativa nesse processo

---

[2] COHEN, R., 1982.
[3] SARAIVA, A.
[4] FISCHER, E., 1981.

IMAGINAÇÃO = IMAGEM + AÇÃO

Imaginar que re-conhece. Se na leitura verbal segue-se o encadeamento lógico da estrutura frásica, a leitura não verbal, no dizer preciso de Lucrecia d'Alessio Ferrara,[5] exige "visão/leitura, uma espécie de olhar tátil, multissensível, sinestésico".

O *objeto novo* segue aprofundando e ampliando a proposta da poesia concretista, entre outras, que atinge e explora as camadas materiais do significante: o som, a letra impressa, a linha, a superfície da página, ainda a cor, a massa. Se o poema concreto é identificado como objeto da linguagem, o *objeto novo* — literatura infantil e juvenil — também quer falar a linguagem da percepção e da sensibilidade na sua leitura de mundo e de vida.

A palavra poética concretista projeta e opera sobre as dimensões da palavra — semântica, sonora, gráfica — em síntese espaço-temporal, utilizando categorias diversas, como o jogo, a geometria. O *objeto novo* não parte de condicionamentos e se pretende plural: sua proposta é produzir sentidos, a partir de signos, sem delimitações prévias. Portanto, poderá utilizar recursos de artes e técnicas diversas, como cinema, televisão, quadrinhos, palavras-cruzadas, tecnologia de ponta e muitas outras conhecidas ou a descobrir.

Também os materiais principiam a variar, indo do papel cartonado ao livro de pano, material impermeável, madeira, quem sabe chegará à recém-criada "fumaça em estado sólido"?

Nós mesmos estamos tentando pontes para a palavra, sem preconceitos que a condicionem. É importante oferecer ao aprendiz, criança ou não, possibilidades para trabalhar alternadamente com o bidimensional, tridimensional, quadridimensional.

A pluralidade do suporte físico no livro *objeto novo* — literatura infantil e juvenil — demonstra a ruptura com o estereotipado, o redutor, a mesmice. Abre-se para oportunidades de enriquecimento da sensibilidade, da percepção, ativando e acionando o equipamento sensório-motor e cognitivo

---

[5] FERRARA, L. D., 1986.

da criança (e do adulto) e trabalhando a palavra, sinal distintivo do ser humano, bem como outros sistemas sígnicos.

A educação estará em percurso criativo, aberto, beneficiando o educando na livre expressão de sua potencialidade em diálogo com a vida. O que seria educar senão preparar e instrumentalizar para as buscas pessoais na aventura de viver?

CAPÍTULO III

O OLHAR DE DESCOBERTA OU DE OLHO ARREGALADO

Integrando sensações e associando percepções produzindo significações

O olhar aciona a memória da vivência passada produzindo leitura na leitura desse *objeto novo* que é o livro de literatura infantil e juvenil. A recepção depende do repertório do leitor, pois sua memória ativada opera e reflete sobre o *objeto novo*. No dizer de Ferrara temos: "ler – tentativa de organização entre convergências e divergências; ler é operar com o heterogêneo, e organizar é saber distinguir, por comparação, o igual e o diferente".[1]

---

[1] FERRARA, L., 1986.

Tal leitura caracteriza-se pelo dinamismo que brota da rápida associação, concentrando as percepções, filtrando as recordações *reconhecidas*. Quando essa leitura acontece em situação coletiva (em sala de aula, cursos), oralmente, o professor, como iluminador do diálogo, pode até ter atuação breve, momentânea, mas nem por isso menos verdadeira. Ele estimula a capacidade de associação por analogia, que se distancia da habitual contiguidade predominante na visão cultural ocidental. A *inter-ação* analógica é muito mais produtiva que a processada por contiguidade.

O leitor da intertextualidade pode *ad-mirar*, pois tem os sentidos despertos, memória avivada e acionada, vendo o que existe, sem submeter-se às leituras-desvios, pois as detecta. Conhece o texto como prática intertextual e intersemiótica, reconhece a inter-relação e a dialética da linguagem em movimentos circulares de renovação-revolução. Leitura, espaço deflagrador de outras ações-revoluções. Sinestesia da percepção, porque cruzamento de sensações.

Para essa leitura, não propomos receitas ou métodos, antes sugerimos, na segunda parte, procedimentos metodológicos envolvendo o desempenho de cada um diante do *objeto novo*.

CAPÍTULO IV

FIGURAS: VISUAIS, SONORAS, VERBAIS

*Podemos aprender mais
a respeito da natureza essencial da arte
por meio de suas manifestações mais antigas
no homem primitivo (e nas crianças)
do que por meio de sua elaboração intelectual
nos grandes períodos de cultura.*

Herbert Read

Continuando a epígrafe, damos a palavra a Herbert Read:[1]

> O homem primitivo e a criança não distinguem à nossa maneira raciocinativa entre o real e o ideal. A arte para eles talvez não seja tão desinteressada: não é estranha e complementar à vida, mas uma intensificação da vida, uma agitação do pulso, uma intensificação da batida do coração, um retesamento dos músculos, um modo necessário e exigente de expressão.

Read prossegue explicando que o uso socializado da arte é de tal relevância que o artista só a bem da arte seria possivelmente morto, tido como demônio maléfico; um artista, a bem da comunidade, pode tornar-se sacerdote e até rei.

> [...] pois é o fazedor de magia, a voz dos espíritos, o oráculo inspirado, o intermediário pelo qual a tribo assegura fertilidade para suas colheitas ou êxito para seus caçadores. Sua mão é verdadeiramente a mão de Deus.[2]

A arte, sob esse ponto de vista, nada tem a ver com cultura ou inteligência. Em suas origens, é um exercício ou atividade dos sentidos, a expressão plástica de intuições elementares.

Jung[3] remete ao pensar-realidade por ele definido como:

> O pensar em palavras, um pensar que está adaptado à realidade, por meio do qual imitamos a consecutividade de coisas objetivamente reais, de modo que as imagens do interior de nossa mente seguem umas às outras na mesma sequência estritamente casual dos eventos que ocorrem fora dela. [Possui] a peculiaridade de causar fadiga, e por esta razão é posto em jogo por curtos períodos.

Pode-se, porém, pensar não para outros, mas de modo indireto. Abraham James,[4] *apud* Jung, diz:

> Muito do nosso pensar consiste em sequências de imagens sugeridas umas pelas outras, de uma espécie de devaneio espontâneo do qual parece bastante

---

[1] READ, A., 1972, p. 27.
[2] Idem, ibidem.
[3] JUNG, C. G., 1956, II.
[4] ABRAHAM, J. *Dreams and myths.*

provável que os brutos superiores sejam capazes. Esta espécie de pensar leva, não obstante, a conclusões racionais tanto práticas quanto teóricas.

Tais imagens sucedem-se umas às outras, num tipo de pensamento que não cansa. Aproxima-se do sonhar acordado, o "fluxo de consciência", como Joyce produziu em *Ulisses*. Read lembra a crença junguiana de que os sonhos e a fantasia nos fazem regredir até a infância da raça. "O pensar-sonho é o modo de pensar primitivo, pré-lógico, de estágios primitivos da cultura humana. O mito é, por assim dizer [...], um fragmento preservado da vida psíquica infantil da raça, e os sonhos são mito do indivíduo."

Lembrando que a psicologia moderna reconhece que muito do que passa nas profundezas do inconsciente permanece ainda desconhecido, Read revela-se convencido de que nas "camadas mais inconscientes há um princípio formativo em ação", moldando algum material primordial da psique em ícones. Um ícone é uma imagem que resulta da *matéria primordialis* do inconsciente e seu propósito é fornecer um correlativo objetivo — um objeto com forma e cores apreensíveis — que responda a uma necessidade interna.

O artista partiria de algo que o levaria a uma imagem ou significação que não pode explicar (e nem tem interesse em explicar), mas que para ele constitui algo válido, verdadeiro, profundamente necessário — uma "presença" vital.

O homem nasce com a necessidade de expressar-se. Aliás, ele é um animal social. Precisa do outro. Basta refletir sobre o choro do bebê e suas funções...

Read[5] pondera que se a assinatura do adulto é automática, então o rabisco de uma criança poderia ser chamado instintivo. Esse rabisco — atividade motora não controlada — pode, no entanto, resultar em significação simbólica.

> Rabiscar é uma atividade natural nas crianças, e recentemente uma professora norte-americana, Rhoda Kellog, fez um estudo com mais de cem mil desenhos e pinturas feitos por crianças de dois, três e quatro anos de idade. Ela achou que existe uma sequência definida de desenvolvimento do rabisco ao desenho, e que rabiscar não é atividade sem propósito, como supúnhamos.

---

5   READ, op. cit., p. 130.

Pôde distinguir vinte desenhos básicos, vários dos quais se nos apresentam misturados em qualquer exemplo das primeiras atividades de escrevinhadura de uma criança; e destas misturas de rabiscos emergem seis diagramas básicos (cruz grega, quadrado, círculo, triângulo, a área de forma singular e a cruz diagonal).

De início não se percebe com clareza tais formas, mas gradativamente elas se agrupam: uma cruz grega é combinada com uma cruz diagonal, ou com um quadrado. Finalmente, emerge a forma arquetípica, o mandala, representado pelo esquema de uma cruz dentro do círculo. Desta forma abstrata e simples, por variações graduais, evolui uma diversidade de símbolos pictóricos. No Dicionário da Língua Portuguesa, de Cândido de Figueiredo,[6] temos o verbete:

> FIGURA – f. Aspecto. Forma exterior; exterioridade. Representação. Importância social. Pessoa, vulto. Espaço terminado por linhas ou superfícies. Plano de uma construção. Carta de jogo, que tem figura. Busto ou corpo de pessoa, esculpido, estampado ou desenhado. Imagem. Símbolo. Forma de expressão, em que há permitidas alterações fonéticas, morfológicas ou sintáticas. Maneira de dizer que, pela graça ou vivacidade, se afasta da linguagem comum.

Temos aí os três tipos básicos de figuras: visual, sonora ou verbal. Enfim, figuras, portanto estruturas que presentificam realidades sonhadoras, vividas, experienciadas, intuídas, sentidas, quase percebidas.

Figuras visuais: as mais facilmente reconhecidas — os desenhos, como diriam os leitores infantis. São construções cujos elementos básicos utilizam formas (figuras), linhas, planos, cores, espaços. A fanopéia, na classificação de Ezra Pound.[7]

Figuras sonoras: ritmo, melodia, pulsação estabelecem um diálogo em contraponto de sons, em associações de graduação de intensidade de acentos fortes, fracos, graves, agudos, médios, enfim, em algo que comunga com a música. O resultado são objetos sonoros distantes da combinação de sons do sistema linguístico. A melopeia, na classificação de Pound.

---

[6] FIGUEIREDO, C. Rio de Janeiro, s. d. v. 1.

[7] POUND, E., 1976.

Exemplo: o poema *Palavreado comprido*, graças à paronomásia, é quase um objeto sonoro.

Palavreado comprido

Caracol

Caramujo

Coralina

Carabina

Caatinga

Caiacanga

Cai no samba

Caitetu!

Catimbó

Cateretê

Carandiru

Caramuru

Caramelo

Carretel

Caranguejo

Carijó

Coricocó!

Lúcia Pimentel Góes[8]

Presença forte da aliteração, dos acentos fraco e forte em jogo ritmado de duração em paralelismo, associando sons semelhantes e diferentes.

Figuras verbais: a logopeia, na classificação de Pound.

Predominam a metáfora e a paronomásia. A metáfora é o tropo genérico confundindo-se com a imagem. Esta, no sentido restrito, seria a representação

---

[8] GÓES, L. P. *Bate, coração, bate.*

verbal e estética de uma realidade por processo analógico, seja ele claro (comparação) ou intuído (metáfora).

Segundo Nelly Novaes Coelho, "o processo imagístico é a transformação de uma sensação ou percepção (experimentada pelo poeta) em uma imagem que expresse e comunique aquela sensação ou percepção primitiva".[9]

No poema *Palavreado comprido* está presente a paronomásia, pois ele é quase um objeto sonoro, no qual predominam as semelhanças sonoras e o significante é trabalhado, ou seja, a letra, o som, o espaço, enfim, as camadas materiais da palavra.

Na metáfora a relação trabalhada está no nível do sentido. A conexão é feita pelo significado. Na obra *ABCDEFGHIJLMNOPQRS Tigres no quintal*, de Sérgio Caparelli,[10] temos um exemplo disso:

URGENTE!

Uma

gota

de

orvalho

caiu hoje, às 8h, do dedo anular

direito, do Cristo Redentor, no

Rio de Janeiro.

Seus restos

não foram

encontrados.

A polícia

não acredita em

acidente.

Suspeito: o vento.

---

[9] Coelho, N. N., 1986.
[10] Caparelli, S., 1989.

Os meteorologistas,

os poetas e os

passarinhos choram

inconsoláveis. Testemunha

presenciou a queda:

"Horrível!

Ela se evaporou na metade do caminho!".

Como todo tecido poético, este espaço é altamente denso em sentidos, caracterizando o que denominamos *objeto novo*, pois é uma polissemia resultante da concentração de várias linguagens. Portanto, o leitor é capturado pela forma, disposição espacial das linhas poéticas. Elas configuram uma cruz, e o poema, intratextualizando a crônica policial, relata que uma gota de orvalho tombou do Cristo Redentor. Informa, com detalhismo, a hora e o local. Utiliza, intratextualizando, recurso da história policial e de suspense, indicando, como possível criminoso, o vento. Então, por sugestão indicial, comparecem as testemunhas do crime e a polícia, enquanto os amigos e defensores da gota de orvalho choram inconsoláveis.

A testemunha depõe:

"Horrível!

Ela se evaporou na metade do caminho!".

Portanto, a prova testemunhal comprova a suspeita da polícia: não foi acidente.

Ora, esse "não foi acidente" implica fato aparentemente natural, a que assistimos indiferentes, quando ele aponta para algo muito grave: o orvalho não consegue chegar à terra. Evapora-se no meio do caminho. O leitor pode reconhecer inúmeras causas: o efeito estufa, superaquecimento do planeta; a densidade atmosférica sobrecarregada de agentes poluidores; a beleza do Rio de Janeiro, vítima incessante de atentados horríveis.

Quem chora, deplora, implora contra tão terríveis crimes?

Os meteorologistas, os poetas e passarinhos. Alguém mais, tão essencial quanto os anteriormente relacionados, e que não vem explicitado, mas que o leitor atento inclui: a criança, o jovem, que são os naturais e primeiros receptores desse poema de literatura infantil e juvenil. Naturais, porque não estão confinados em espaços rígidos, preconceituosos, e têm sensibilidade plena, pureza e verdade.

Poderíamos ampliar a análise do poema anterior, porém achamos que o leitor terá estímulo em fazê-lo e este espaço pede o avanço de nossa proposta. Assim, recorremos a Décio Pignatari para reforçar a afirmação e adequação do poema à criança:

> Assim como há um pensamento verbal, há um pensamento não verbal, icônico. Aquele analisa, este sintetiza; aquele tende ao linear, este ao simultâneo.
>
> A estrutura sígnica da criança é fundamentalmente icônica: a própria aquisição da fala é um processo de natureza icônica.[11]

O poema "Urgente", em sua visualidade é um ícone; basta atentar para a conceituação de Décio Pignatari:[12]

> Ícone (escala de correspondência: primeiridade, sintaxe, qualissigno, possibilidade) é um representante que, em virtude de qualidades próprias, se qualifica como signo em relação a um objeto, representando-o por traços de semelhança ou analogia, e de tal modo que novos aspectos, verdades ou propriedades relativos ao objeto podem ser descobertos ou revelados. Em relação ao seu objeto imediato, o ícone é sempre o signo de uma qualidade (e um primeiro). O ícone é o signo de um possível.

Em nota explicativa: "A primeiridade é o reino dos possíveis; a secundidade, dos existentes; a terceiridade, das generalizações".[13]

---

[11] PIGNATARI, D., 1979. p.
[12] Idem, ibidem.
[13] Idem, ibidem.

CAPÍTULO V

O QUE É ARTE?

Como sabemos que estamos diante de uma obra de arte?

É preciso analisar nossa reação diante desse objeto, seja ele sonoro, visual ou de qualquer natureza: o que importa é aquilo que sentimos diante dele. Esse objeto nos toca, provoca, choca: somos tomados por forte sensação, brota a emoção. Emoção que leve ou não às lágrimas, ao riso, ao sonho, à alegria, à harmonia, ao desespero, à revolta, à paixão.

Emoção *forte, leve, indefinível, definível, contraditória, suave, violenta*.

Objeto que é um articulado, uma *construção*. Dele emana *algo* que nos emociona por sua *dimensão estética*, em uma palavra, por sua *beleza*!

Beleza que não é sinônimo de bonitinho, ou só de *belo*. Pode ser beleza do violento, do disforme, do repugnante, do apavorante... Basta lembrar a emoção e a beleza que invadem qualquer ser humano sensível diante da obra ímpar de Picasso, *Guernica*. Foi construída a partir das reações nascidas no artista diante da Guerra Civil espanhola, guerra das mais odientas, porque *fratricida* em gênero e espécie: homem contra homem (*irmãos*), espanhol contra espanhol (duplamente irmãos).

Guernica, quadro do pintor espanhol Pablo Picasso (1881-1973).

Portanto, as duas dimensões características da obra de arte são emoção e beleza. Enriquece refletir sobre os conceitos de arte a seguir:

- "A arte é muitas coisas. Uma das coisas que a arte é, parece, é uma transformação simbólica do mundo".[1]

- "A arte permanece como uma modalidade do real e o processo diferenciante passa a ter sentido se admitirmos que nem toda realidade é arte".[2]

- "A arte é uma atividade e uma função sociocultural que se processa por canais emotivos variáveis, tendente a agir nas estruturas da vida individual e coletiva dos homens".[3]

- "A arte nasce da realidade, desprende-se da realidade e renasce na realidade. Só a existência subjetiva da emoção prova a existência objetiva da obra de arte".[4]

- "A arte é necessária a fim de que o homem possa conhecer e transformar o mundo. Mas é igualmente necessária em virtude da magia que lhe é inerente".[5]

- Esta é a forma mais simples de dizer o que é uma obra de arte: a materialização de uma intenção expressiva. Além disso, a obra de arte tem outro caráter. Tem o caráter de ser mais transcendental que uma coisa, não pela utilidade, mas pelo clima de ilusão, de fantasia, de probabilidade, de ludicidade que pode dar ao próprio artista. É um interjogo entre o primeiro mundo, o mundo do preparo, o mundo da expectativa, o mundo da angústia, o mundo, em outras palavras, de *eminhocação*, que leva a pessoa a ter aquele desassossego, que redunda no próprio parto, que é a nova natureza realizada — que é o próprio *segundo mundo*.[6]

[1] GULLAR, F. *Sobre arte*. Rio de Janeiro, Avenir, 1982.

[2] PORTELLA, E. *Fundamentos da investigação literária*. Rio de Janeiro, Tempo Brasileiro, 1974.

[3] DIONÍSIO, E. et alli. *Situação da arte*. Porto, Europa-América, 1968.

[4] SARAIVA, A. J. *Ser ou não ser arte*. Porto, Europa-América, 1974.

[5] FISCHER, E. *A necessidade da arte*. Lisboa, Ulisséia, 1963.

[6] MOURIÑO, M. J. J. *Psicologia da arte*. Novo Hamburgo, Sulina, 1973.

- Ruskin vê na arte "a expressão do prazer que o homem adquire no trabalho".[7]

- Luckacs: "A arte faz parte daquilo a que chamamos o estilo de vida de uma época, isto é, da sua concepção do mundo e da sua liturgia de ação". A arte envolve um valor estético, portanto lida com emoções. Está ligada à área apreciativa. Esta estabelece gosto, opções, atitudes, crenças e ideais e sua aprendizagem se faz pelo prazer e desprazer.

- Em Fischer lemos: "A função da arte é refundir esse homem, torná-lo um com o todo da realidade, como o caminho do indivíduo para a plenitude, para o mundo em geral, para identificar-se com aquilo que ele não é". Explica que a arte é meio indispensável para essa união do indivíduo com o todo; reflete a infinita capacidade humana para a associação, para a circulação de experiências e ideias. Dois elementos podem ser reconhecidos na arte: a) na sua origem, foi magia. Um meio utilizado pelo homem para dominar um mundo não explorado; b) teve o papel de clarificação das relações sociais, o papel de ajudar o homem a reconhecer e transformar a realidade.

- "A arte é fuga ao caos. É movimento ordenado em números; massa limitada em medida; indeterminação de matéria à procura do ritmo da vida".[8]

A palavra *arte* etimologicamente leva à sua essência. *Techné,* diziam os gregos, era o modo como fazer algo. Toda arte é uma construção, e a palavra escolhida pelos latinos foi *ars,* origem da palavra portuguesa *arte,* remetendo a articulação, conexão de partes e todo, estrutura.

Alfredo Bosi chama Leonardo da Vinci de "poeta das gradações", explicando que com ele as artes da pintura e do desenho ganham o estatuto de ciências da visão, e que, por um aprofundamento contínuo da capacidade de ver, ele deu toda a ênfase ao poder criativo da imaginação. Bosi prossegue:

7 BASTIDE, R. *Arte e sociedade.* São Paulo, Cia. Ed. Nacional, 1977.

8 READ, H. *O sentido da arte.* São Paulo, Ibrasa, 1976.

O que, na verdade, já está contido nos dois sentidos do termo visão: contemplação do que é visível, mas também efeito "visionário" do olhar interno do artista: [...] A pintura deve ser anteposta a todas as operações, porque em si contém todas as formas que estão e as que não estão na natureza. [...] O desenho é de tanta excelência que não só procura as obras da natureza, mas infinitas outras que a natureza não faz.[9]

Já no último capítulo do livro, o de número 4, *Construir, conhecer, exprimir,* Bosi sintetiza:

As relações entre a gênese da obra e sua estrutura, apesar de todo o arsenal metodológico de que dispõem hoje os teóricos da psicanálise, da Gestalt e, com outro enfoque, os marxistas e os culturalistas, constituem ainda um nó de problemas e uma fonte de perplexidades. Fazer o mapa ideológico onde

---

[9] Bosi, A. *Reflexões sobre arte.* São Paulo, Ática, 1989.

se inscreve um texto ou sondar o subsolo afetivo e as pulsões inconscientes que as suas figuras exprimem são operações de retrospectiva, hipotéticas, em geral redutoras, aliás necessariamente redutoras. [...]

A arte do século XX busca abraçar os dois extremos: o máximo de verdade interior e o máximo de pesquisa formal. Talvez o seu valor mais alto seria o encontro da total subjetividade com a total objetividade: o expressionismo abstrato do pós-guerra e a lição de Kandisky atribuindo a cada forma, a cada matiz e a cada som um sentido espiritual, quando não místico, resultariam desse desígnio.

Talvez em nenhum outro século a arte tenha procurado ser, ao mesmo tempo, tão espontânea e tão maneirista! Grito, gesto, colagem, pastiche, paródia e, de novo, gesto e grito.[10]

Para a criança, ser pleno e intuitivo, por estar na fase pré-lógica do pensamento, é fundamental que possa desenvolver sua capacidade de criar. Mas em processo harmonioso, equilibrado, sem esquematismos ou preocupações com aprendizados de técnicas, de forma coercitiva e estratégias impróprias. A brincadeira, a busca, a descoberta, a fantasia, o ludismo, a manipulação de texturas, materiais, ferramentas... recuperar, se possível, o fazer barcos de jornal e segui-los em viagem pelas enxurradas, cavar túneis, construir castelos, sítios, cavernas, lagos... plantar, colher, regar, criar, tratar de animaizinhos... e se preparar para a vida criativa. É formar gente — gente, tão longe dos adultos acabrunhados, de cenhos franzidos, robotizados, pesados, para não alongar os epítetos depressivos, que desfilam pelos asfaltos ou por ruelas poluídas de nossas cidades.

É permitir que a criança desabroche em sua potencialidade, tendo dentro de si harmonia, energia, alegria, sensibilidade para amar-se, amando o outro e a vida.

---

[10] Idem, ibidem.

Capítulo VI

O QUE SERIA LITERATURA?
E LITERATURA INFANTIL E JUVENIL?

Palavra literária é palavra *gorda*.

Isso mesmo, *gordíssima, obesa, obesíssima*, se quiser. É palavra que carrega múltiplos sentidos, significados; é, portanto, plurissêmica, plurissignificativa. Palavra que para ser lida depende do repertório do leitor, de seu treino, de ter ou não os olhos abertos para a *vida*... De ser um *leitor* que tenha o gosto de *viver*, mais o gosto da *aventura*.

Existirá maior aventura que o viver?

Existe *livro* (merecedor do nome) que não seja uma recriação da aventura de viver?

Não estamos, não, falando só de *obras-primas, herméticas, abertas, apocalípticas, únicas...* Não temos preconceitos...

Um *livro* pode ter como primeiro receptor (o que não exclui nenhum outro, até em escalonamento crescente chegando ao bisavozinho centenário, mas lúcido) um bebê e ser uma *obra de arte*!

O bebê lerá, ficará emocionado, jogará sobre ele toda a sua vida: concepção, sensações inconscientes, subconscientes, genético-étnicas, o amor paterno-materno, quer dizer, as vibrações afetivas do cordão umbilical que o ligou desde o primeiro milionésimo de segundo à *aventura de viver*, juntando, anexando, somando a essa *leitura-vida* a leitura-texto *obra de arte*. Desse encontro miraculoso, misterioso sairá *enriquecido* para avançar no seu percurso.

Pai, mãe, avô, avó, irmão, irmã, tios, tias, enfim, qualquer um que o cerca poderá ser o *guia-iluminador* desse encontro. Exige-se, porém, um *requisito*! Não ser um *guia comportado*, nem querer fazer do bebê um *ser comportado*... As autoras deliram? Tremendo mau pensamento, leitor...

Comportado = com portas... Não deseje colocar portas nas crianças, nos jovens, como milhões de educadores fazem (sejam eles pais ou professores)... as fechaduras enferrujam, o educador pode perder a chave e a criança ficará *emparedada, com portas* por todos os lados, portanto, *confinada para todo o sempre...*

O livro de literatura infantil e juvenil é um livro para todos: se a criança dele se apodera, qualquer adulto sensível e inteligente também o fruirá: em seu ludismo, *nonsense*, sonoridade, humor, simplicidade, verdade... A recíproca não é verdadeira: o bebê, a criança pequena (exceção feita aos gênios) *não* fruem a *arte* de um Humberto Eco ou de um Drummond de Andrade.

Não queiram ser napoleônicos coroando-se a si próprios como iniciáticos do Olimpo. Tão altamente teóricos, tão imbuídos de um "pretenso saber" (a vida é curta demais para sermos *luz*) que possam dizer:

NÃO SABERIA   Que Dizer   de um

livrinho   desses...

Deixando a metalinguagem parodística de lado, o que anteriormente foi sugerido explicita nosso conceito de literatura infantil e juvenil. O dirigir-se privilegiadamente (não exclusivamente) ao leitor criança e jovem é sua especificidade, sua característica. Sendo assim, exige de seu produtor os mais verticais, amplos e continuados preparo, reflexão e estudo.

É uma literatura que

Vale!

Vale para o pequeno,
Vale para todos.
Vale quando é apenas lúdica,
Vale quando densamente significativa.

Vale em si,
Vale em confronto,
Vale sempre.

Não é
Introito ad altare Dei![1]
        É
        Valor!

---

[1] Introdução ao altar de Deus (a literatura infantil e juvenil pode e deve coexistir ao lado da grande literatura).

Capítulo VII

GRAMÁTICA DA LEITURA DA IMAGEM

1. A criança e a ilustração

Eva Furnari

A ilustração, para a criança, tem enorme importância: como apoio ao aprendizado da leitura verbal, como linguagem autônoma, em diálogo com outras linguagens, e assim por diante. O elemento visual dos livros infantis tem caráter fundamental e é por meio dele que se veicula grande parte da informação.

Qual seria o significado do livro para a criança? Como se dá essa relação? Podemos apenas ter certa ideia nascida da observação. A ligação criança-livro de histórias é uma relação mítica, cheia de emoções e mistérios. A criança, por meio de sua fantasia, chega a *viver* a história, totalmente envolvida por ela.

Nestes fatos reside a função primeira da literatura infantil e juvenil. Não significa apenas meio de diversão, lazer, mas, sim, meio de informação, de formação e de sensibilização da criança. Como? Não seria pretender muito?

Pensamos que não. A criança, por meio do faz de conta, da ação-imitação, experimenta suas próprias reações-ações. Assim, brincando, fazendo de conta, inicia seu aprendizado de vida. Conhece a si mesma; mais que isso, aprende sobre os que a rodeiam e sobre os lugares em que vive. Segue confiante sua aventura de ler e viver.

2. O universo percebido pelo olho (ou, dizendo de forma diferente, a comunicação visual)

Dentro do universo que se apreende visualmente, existe a comunicação pela expressão do corpo e dos gestos. Ao contrário do que se pensa normalmente, essa conversa "muda" dos corpos é muito intensa e pressupõe códigos bastante definidos, que variam de formas explícitas a formas mais sutis. Esses códigos, em geral, são aprendidos e apreendidos de forma inconsciente.

Podemos fazer um exercício prático para alcançar uma vivência desse universo antes da informação objetiva, resultando, assim, em uma assimilação mais intensa do assunto.

O exercício consiste no seguinte: três alunos ou participantes vêm à frente da sala. Essas pessoas devem expressar determinadas mensagens por meio do rosto, do corpo e de gestos (sem palavras). A um sinal do guia intermediador, devem, também, permanecer imóveis naquela posição. O público, que não conhece a mensagem, deve adivinhá-la. Uma vez percebida a mensagem, analisam-se em conjunto quais elementos expressivos são comuns às três pessoas e no que consistem. Por exemplo: boca aberta, mão na cabeça, olhar lateral, posição da cabeça, postura do corpo etc.

As mensagens para o exercício são as seguintes:

Ei! Psiu! Vem cá.

Estou preocupada em resolver um problema.

Estou tentando lembrar alguma coisa.

Ai, que dor de barriga!

Ai, que frio!

Hum, que nojo!

Ai! Que susto!

Estou com vergonha.

Observamos que cada gesto tem significado e, muitas vezes, com uma mudança de posição alteramos a "mensagem". Fica nítido, depois desse exercício, que as pessoas fazem uma leitura muda e concluímos que existem ·códigos de comunicação "não verbal" pela linguagem do rosto e do corpo.

Quem de nós já não fez, na frente do espelho, as mais variadas expressões, olhares sedutores, sorrisos encantadores? Aliás, isso pode transformar-se em excelente exercício, pois, apesar de dominarmos tão bem esse código, não temos muita consciência de como e quanto o utilizamos. Experimente mostrar, na frente do espelho, alguns sentimentos, por exemplo: raiva, alegria, desconfiança, tristeza, indiferença, entusiasmo, espanto, timidez etc. e observe atentamente o que muda: direção do olhar, sobrancelhas, boca, ombros, braços etc.

Seria divertido e produtivo experimentar essa proposta como atividade em sala de aula: alguém poderia ir à frente tentar várias expressões·tendo a classe como espelho; ou até, em pares, um aluno ser o espelho do outro.

Muitas vezes, conhecemos uma pessoa mais por essas pequenas "dicas" ou mensagens "não verbais" do que pelas palavras, pois essa é a linguagem do coração. É por meio dos gestos que revelamos ou às vezes até escondemos nossas emoções (isto não quer dizer que as palavras não tenham sua própria forma de falar da emoção).

Tudo isso que observamos no espelho e no exercício anterior são recursos normalmente usados pelo desenhista ao fazer as ilustrações de um livro infantil.

Um artista de teatro, cinema e televisão sabe e tem domínio do próprio corpo e das expressões faciais para transmitir as intenções e emoções próprias de determinada cena. O desenhista, de outra forma, tem domínio do registro visual da expressão humana; ele sabe como retratar com sua pena, lápis ou pincel o que vai na alma da personagem.

Grande é a responsabilidade de um ilustrador, pois ele imprime, soma e acrescenta a um texto a sua visão, resultando um terceiro produto que não é apenas um texto ou somente ilustrações, mas, sim, um livro para crianças.

Além da expressão da figura humana ou até de animais humanizados, podemos observar outras fontes de informação dentro de uma ilustração. Por exemplo: o vestuário, adornos e acessórios revelam muito (pobre, rico, homem, mulher, moderno, antigo, patrão, empregado, bruxa, palhaço etc.). Ou ainda: o contexto, o ambiente (interior, exterior, cidade, campo etc.).

Podemos também analisar as imagens de um livro observando-as pelo que elas têm de objetivo ou subjetivo.

A informação objetiva, que apreendemos com nosso lado racional, passa-nos o conteúdo da imagem nos seus aspectos descritivos ou narrativos, isto é, que figuras, qual paisagem, que local, que situação, qual época etc.

E as informações subjetivas, que seriam decodificadas pela nossa "emoção", transmitem-nos sensações, impressões, "climas". Esses climas são construídos na imagem por meio da técnica, das cores, do jogo de luz e sombra, da textura etc., resultando em impressões poéticas, sombrias, alegres, agressivas e assim por diante. Um quadro abstrato teria basicamente informações subjetivas.

Existem também casos em que as informações objetiva e subjetiva se encontram muito integradas, ficando difícil separá-las claramente. Há casos em que a forma de linguagem inclui a deformação da figura humana, metalinguagens, situações do imaginário como recursos de expressão.

Essas observações são feitas de forma intuitiva (não científica), com a intenção, apenas, de ler melhor a imagem. Observamos que há um campo infinito de possibilidades no universo visual, podendo retratar realidades exteriores e interiores, em que a figura humana é de extrema importância e a linguagem do corpo está bastante presente.

Oferecemos até aqui algumas formas de enriquecer a leitura da imagem e propomos ao leitor que reveja seus livros observando-os sob esses prismas apresentados. E o importante é que, paralelamente ao estudo, sempre haja espaço para o inexplicável "gostei" ou "não gostei".

Pontuamos novamente com uma reflexão: qual a função da ilustração no livro infantil e por que ela é tão presente?

A resposta a essa pergunta, no nosso ponto de vista, é bastante simples. A imagem para a criança pequena ainda é um meio de comunicação fundamental e básico, muitas vezes mais desenvolvido e mais aprimorado que a linguagem verbal. À medida que a criança cresce e vai desenvolvendo sua comunicação verbal e capacidade de abstração, a quantidade de ilustrações (correspondente à sua faixa etária) poderá ou não se reduzir. O ideal é conviver com livros só-imagens, sem imagem, só-verbais em diálogo equivalente ou não, enfim, com o *objeto novo*, porém, sempre *livros de literatura infantil e juvenil* de qualidade.

Segunda parte

Estratégias

A leitura do objeto novo,
*concentração de linguagens: verbal,
não verbal e grafotipográfica,
ou como arregalar ou fazer arregalar o olho.*

Na Academia Palatina de Carlos Magno, cortesãos competiam entre si, na composição de versos e no sarcasmo recíproco:

— *O que é a escrita? pergunta Pepino, filho de Carlos Magno, e Alcuíno responde:*

— *É a guardiã da ciência.*

— *O que é a palavra?*

— *A traição do pensamento.*

— *Onde se originou a palavra?*

— *Na língua.*

— *O que é a língua?*

— *Um chicote no ar.*

— *O que é o ar?*

— *É o guardião da vida.*

— *O que é a vida?*

— *A alegria dos felizes, a dor dos infelizes, a espera pela morte.*

— *O que é o homem?*

— *O escravo da morte, o hóspede de um só lugar, o viajante que passa.*[1]

---

[1] Citado por HUIZINGA, J., *Homo ludens*. São Paulo, Perspectiva, 1980. p. 172.

CAPÍTULO I

O LIVRO-BRINQUEDO
PARA O *HOMO LUDENS*

Por acaso alguém na terra ensina ao bebê quando, como e por que deve abrir os olhos para este mundo?

Ele o faz tranquilamente e passa, aos poucos, a ver a realidade que o cerca.

Ora, as mamães, sempre que podem, preparam o canto ou quarto do bebê: do papel de parede com motivos infantis ao chocalho pendurado no berço. Estão ali as marcas de afeto e a produção humana do faz de conta abrindo-se para os aspectos-vida ou prismas do fazer e vir-a-ser do dia a dia.

Mas, em inúmeros *habitat*-bebês, entre bolas, ursinhos, caixas de música, palhaços, bonecos, móbiles, há uma *grande ausência*...

NENHUM LIVRO

É o não gostar de ler querendo marcar presença. Felizmente, se o objeto livro está na situação de óvni — objeto voador não identificado —, a leitura, entretanto, não estará de todo ausente.

O bebê lê o amor nos olhos dos pais e, milagre, começa a amar-se, além de, progressivamente, aprender a amar os pais e a vida! Lê feições, lê urso, lê bola, lê claro-escuro, lê medo, lê desconforto...

À medida que as horas passam em leitura-vida, já não é mais analfabeto... desde que nasceu iniciou sua leitura dos textos-vida.

A mamãe (ou adulto que lhe faz às vezes) poderá apoiá-lo e muito nesse auto aprendizado, sem pressioná-lo ou sobrecarregá-lo. Como?

Em rápidos momentos e de diversos modos, com o bebê ao colo ou não, mostrar-lhe livros para essa faixa etária: dois, três meses... Livros com uma única figura colorida e com palavras, nominando-as ou não. Materiais os mais variados e apropriados em tintas não tóxicas: de plástico, borracha, pano, cartonados ou não.

Variedade e qualidade! Folhear, morder, examinar, brincar, tirar, pôr na caixa de brinquedos. Contar pequenas ou mínimas histórias, cantar, enfim, brincar com a *palavra*! Sem preconceito de material, sem sofisticações metodológicas... (na teoria, sim, fique à vontade; quanto mais sabedoria, melhor).

Esse apoio de somar ao próprio aprendizado do mundo do bebê o aprendizado de leituras-textos-lidos é uma *poção mágica ou pó de pirlim-pimpim*.

Exemplos: livros de pano. Os livros de Isis Valéria e Paula, além de poderem ser lidos por crianças de diferentes idades, podem ser contados e usados como brinquedos. No final, como em um passe de mágica, transformam-se em bichos, bonecos, prolongando o faz de conta.

1. O livro de pano e seu manuseio pela criança pequena

Isis Valéria Gomes

Histórico

Quando começamos a trabalhar com o livro de pano, ele era uma coisa com sabor de saudade, na fantasia de alguns pais que, oriundos de famílias abastadas, lembravam-se com prazer de momentos agradáveis vividos na infância, junto a um produto que não existia mais nas livrarias ou nas lojas de brinquedo.

Os livros de pano eram importados da Europa ou da América do Norte. Os mais comuns entre nós foram os da editora Majore, da cidade do Porto, em Portugal. Isso porque os textos eram em português e podiam ser lidos, ainda que com as naturais diferenças da língua: pintainhos, raparigas, algibeiras etc. Eram coloridos, macios e, quase sempre, faziam parte do cantinho de brinquedos dos nascidos entre 1935 e 1955, em casas onde o hábito de ler era valorizado.

Depois, o livro de pano sumiu completamente. Não há registros de editoras brasileiras que se tenham aventurado neste tipo de publicação. O livro de pano não existia para a criança nascida no Brasil.

Em 1972, Ano Internacional do Livro, a Unesco desenvolveu todo um trabalho de âmbito internacional, no sentido de expandir e incentivar o hábito da leitura. Richard Bamberger[1] publicou um livro, com o mesmo título, resultado de uma longa pesquisa internacional sobre o tema.

Naquela ocasião, começamos a elaborar um artesanato em casa, e depois em salas de maternal e jardim, fazendo e criando livros de pano para crianças pequenas. Foi quando Ruth Vilela e Laura Sandroni sentiram a necessidade de divulgar o valor do livro artesanal e nos convidaram para participar do curso Dinamização de Bibliotecas, da FLIJ, RJ, cujo programa constava de uma série de palestras que visavam à formação de profissionais para atuar em bibliotecas infantis, explorando todas as possibilidades do texto, como condutor de experiências criadoras.

---

[1] BAMBERGER, R., 1977.

Na ocasião, recebemos um catálogo da Exposição do Livro de Pano e Livros Táteis, realizada no Japão por Hiroshi Imamura, no final de 1979. O evento teve como objetivo maior reunir todo o acervo existente nessa área de artesanato. Vários países mandaram representantes. Foram enviados trezentos e quarenta livros de pano e mais duzentos brinquedos confeccionados com materiais flexíveis.

Para nossa surpresa, algumas das conclusões pessoais a que havíamos chegado, pesquisando o trabalho isoladamente, foram confirmadas pela experiência de muitos.

Outras criações permaneceram únicas, tais como o recurso do movimento das personagens soltas, isto é, um elemento da história que se desloca ao longo das páginas, ou a total transformação pelo truque do entra e sai, abre e fecha, monta e desmonta, criando uma outra realidade que materializa a fantasia da criança. É o caso do *Au-au Lambão*, que queria ser leão. O livro se transforma mesmo num leão que a criança pode até pendurar na parede.

Sucessivas aulas têm sido ministradas a auditórios com público (nunca inferior a 50/60 pessoas) formado por professores, bibliotecários, recreacionistas do Sesc e outras entidades, diretoras de escolas, Regionais do Departamento Estadual de Cultura, Repartições de Multimeios, pedagogas, psicólogas e pessoas interessadas em trabalhos manuais, reunidas em igrejas, comunidades de bairro, clubes, associações beneficentes, sem esquecer os profissionais da área de educação artística, sempre levando as ideias dos benefícios do livro de pano — utilidade, interesse e confecção.

Ao longo de quatro anos de efetiva divulgação da utilidade do manuseio pela criança pequena, constatamos hoje os resultados do trabalho, com repercussão até mesmo na própria manufatura e confecção de livros de pano, que atualmente já possui um bom número de pequenos fabricantes, quase todos fazendo livros a partir das nossas ideias, utilizando materiais, como o velcro, para dar mobilidade e demonstrar para a criança a possibilidade, por exemplo, de colher maçãs e colocá-las na cestinha. Ou abotoar e desabotoar cenários, fazer janelas e portas, desamarrar sapatos. Uma indústria florescente, mas que ainda é insuficiente para atender à necessidade do mercado da criança brasileira.

Durante todos esses anos em que divulgamos ideias e formamos profissionais, relutamos muito em lançar um produto manufaturado com a nossa assinatura. Isso porque sempre defendemos a posição, que é também a da maioria dos bons profissionais da área no mundo, de que o melhor livro de pano é aquele feito com a criança, para a criança, juntos, compartilhando a partir de retalhos costurados com as próprias mãos, pedaços soltos, bordando e pintando, dando vida à fantasia, fragmentos e sobras de materiais. Este livro verdadeiramente tem um valor inestimável, porque é único, feito por aquela criança, com a sua participação, temperado com ternura e carinho que dá todo um prazer à criação.

Entretanto, a necessidade de dar uma continuidade, um seguimento ao que era dito e demonstrado em salas de aula, auditórios ou programas de tevê, fez com que surgisse uma gama de fabricantes que, longe de pensar como nós, que sempre visamos *ensinar a pescar*, começaram a *dar o peixe* que aprenderam a pescar conosco.

Isto foi ótimo, porque quem lucrou foi a criança. Pais e mães, vovós ou titias já podem encontrar livros de pano nas livrarias infantis, que hoje já são uma realidade na vida da criança; isso nos faz constatar que nem todos podem ou querem fazer livros para seus filhos com as próprias mãos e, pela natureza do produto, eles são sempre muito atraentes, úteis e proporcionam enorme benefício para as crianças pequenas.

Assim, estimuladas pelos amigos, lançamos hoje uma linha de livros de pano que procura ser a mais pessoal possível. Não se trata de uma produção em série, pois todos são diferentes entre si, de livro para livro, na cor dos retalhos utilizados, o que lhes dá um toque pessoal.

Ana Raquel, que todos já conhecem como excelente ilustradora de trabalhos criativos, como *Bolota pelota* ou *A pontinha menorzinha do enfeitinho do cabo da colherzinha de café*, ambos da editora Miguilim, deu vida às nossas histórias, utilizando soluções práticas e mecanismos de transformação dos livros, a partir de um trabalho feito com moldes de papelão e retalhos costurados por ela mesma, conseguindo um excelente resultado final, sem repassar o trabalho a costureiras e bordadeiras. Ana Raquel inaugura, assim, um novo efeito no campo da ilustração infantil, com um produto artístico de alta qualidade, a partir da base simples do elemento algodão, transformado em linha e tecido.

2. O livro de pano – Utilidade e manuseio

A socialização

O livro de pano cumpre um papel formidável na socialização da criança pequena, porque possibilita o exercício dos cinco instrumentos dos quais depende a civilização:

a) a linguagem oral (expressão de ideias e emoções);

b) a escrita (gravação de idéias, emoções e fatos);

c) a leitura (compreensão do que acontece, decodificação da mensagem);

d) o cálculo (medida do que é ou acontece, acumulação, divisão);

e) a manipulação (habilidade para trabalhar com as mãos, com a voz e o corpo).

Vejamos a utilização dos livros de pano, visando estimular cada um desses itens na criança.

A) A LINGUAGEM ORAL

As histórias são escritas para serem narradas às crianças numa primeira fase, ou seja, na etapa da apresentação do livro. Depois de ouvir, a própria criança conta a história enquanto brinca, exercitando o seu vocabulário, expressando ideias e emoções.

B) A ESCRITA

O texto presente na primeira página do livro faz com que a criança visualize os signos, formando o primeiro vocabulário ocular (quando ainda não é alfabetizada), compreendendo que toda a história agradável vem dali, para o desenvolvimento das imagens nas páginas seguintes.

c) A LEITURA

Ao ouvir a narrativa, ver o texto ou as imagens, a criança faz sua leitura do seguimento da história, da fantasia e dos materiais empregados, como retalhos, botões, zíper, compreendendo sua função naquele espaço.

d) O CÁLCULO

Sendo o livro alguma coisa que se divide ou se soma, podemos utilizar as partes para exercitar os números:

Noquinha — 1 galinha
3 ovos = 1 + 1 + 1 = 3 pintinhos
1 galinha + 3 pintinhos = 4 aves

De tamanho pequeno e grande, de idades diferentes, *Au-au Lambão* ou *Neneca Peteca* têm:

1 cabeça + 2 braços + 2 pernas + 1 corpo = 6 partes

Algumas semelhantes, outras diferentes:

Au-Au = pequeno
Leão = grande

e) A MANIPULAÇÃO

O exercício de todas as habilidades para trabalhar com as mãos: abre e fecha, abotoa e desabotoa, amarra e desamarra.

Além disso, o desenvolvimento de conceitos de esquema corporal, lateralidade, organização espacial, dentro, fora, embaixo, em cima, em frente, atrás, macio, duro, fino, grosso, em pé (vertical), deitado (horizontal).

A emoção

O pano é, seguramente, o material de maior intimidade com a pele do ser humano civilizado. Desde que nasce, o bebê é recebido no mundo pelo aconchego do tecido, que passa a lhe fornecer a proteção e o calor do útero.

No colo da mãe, ele não só está vestido, como também em contato com as roupas dela; apenas o seio, as mãos e o rosto estão descobertos e acessíveis a um contato maior para tatear, cheirar e lamber a pele exposta num processo de reconhecimento da diferença entre o seu corpo e o corpo da mãe. Geralmente, pensamos em vestir o bebê com a finalidade de mantê-lo aquecido, mas há outras razões para isso. O abraço do tecido, quando envolve e entra em contato com a superfície do corpo do bebê, é de igual importância.

Os antigos gregos e romanos enfaixavam seus bebês; os britânicos, até o final do século XVII, faziam o mesmo; os índios norte-americanos enfaixam seus filhos até hoje. Há todo um significado místico de substituição do abraço materno pelo abraço do pano, que se traduz por proteção.

Objeto de transição

Depois de seis meses, o bebê procura selecionar o que convencionamos chamar de "objeto de transição" (é a chamada fase da escolha objetal). Esses objetos são substitutos maternos inanimados. Três são os mais comuns: a mamadeira predileta; um brinquedo macio; um pedaço de pano, também *macio* (geralmente uma peça de roupa de cama: manta, fralda, travesseiro).

No início, esses objetos foram experimentados pela criança, como parte do contato de intimidade com a mãe. Estavam fortemente associados a ela. Na ausência da mãe, tornavam-se seus substitutos. Muitas crianças recusam-se a adormecer sem o conforto de sua intimidade.

O pano ou brinquedo macio tem de estar no berço, na hora de dormir. Muitas mães acreditam que seu filho está inseguro quando busca seu objeto de transição. Mas se a criança quer estar em contato com seu bichinho ou pano, a mãe pode considerar que ela faz um progresso. Na verdade, ela gostaria de dizer: "Eu quero o corpo da mamãe, mas estou crescendo e já sou independente. Estes objetos são suficientes para me dar segurança".

Uma autoridade no assunto assim se expressou: "O objeto de transição recorda os aspectos agradáveis da mãe; é um substituto da mãe, mas é também uma defesa contra o reenvolvimento com ela" (regressão neoténica).

Não é difícil concluir que não há nada que fale mais de perto à afetividade da criança do que um livro macio, de pano, que atinge todo esse mecanismo de emoções.

Nossos livros são o resultado de uma profunda observação dos mecanismos internos da criança, por isso são abrangentes, estimulando toda a potencialidade dos pequenos, e, a nosso ver, a maior qualidade do produto é a natureza sequencial das páginas e a história lúdica que ensina, estimula, corrige deficiências, sempre proporcionando à criança grande prazer na brincadeira.

Por isso afirmamos que o livro de pano desenvolve a percepção visual, a coordenação motora, a noção de cores, a criatividade, a sensibilidade, a estética; ele acalma, soluciona conflitos interiores, cria um elo afetivo e, sobretudo, proporciona à criança momentos de muita felicidade.

Este trabalho foi a comunicação que apresentei em 1984, no IV Seminário Latino-Americano de Literatura Infantil e Juvenil, e resume mais de vinte anos de trabalho e pesquisa. Após a comunicação, criamos mais alguns livros e passamos a ser editados pela editora Apel, que formou toda uma estrutura de confecção para produzir os nossos livros, conforme o interesse de sua editora, a sra. Regina Drumont e Lima, e sua produtora, sra. Maria de Lurdes Azevedo que, com minha filha Paula Valéria, passaram a industrializar nossos livros.

Paula Valéria é *designer,* com formação em programação visual e desenho industrial. Artista sensível, desde pequena participou intensamente do desenvolvimento do nosso trabalho. Primeiro, quando criança, brincando e utilizando livros de pano na sua formação. Depois, substituindo Ana Raquel na criação das imagens e na confecção dos livros. São delas todas as imagens e ilustrações de nossos livros.

Paula Valéria também é autora do livro *Muzzy*, que recebeu o Prêmio Jabuti de 1989, da Câmara Brasileira do Livro, como melhor produção editorial de São Paulo.

Atualmente, a dupla Isis Valéria e Paula Valéria têm os seguintes títulos em livros de pano:

* *Au-au Lambão* – Prêmio APCA, 1985
* *Neneca Peteca*
* *Maneco e Teteco*
* *Leonora – Cenoura.*

Como autora, Paula Valéria criou:

* *Muzzy* – Prêmio Jabuti, 1989
* *Angélica no reino de Écran.*

3. Outros livros-brinquedos

Livros para o banho e/ou para lambidas, provadinhas...: em material plástico e tinta adequada, podem ser lambidos pelos bebês, acompanhar o banho deles, ao tomar o seu também; podem ser molhados, provados, ideais para a fase da oralidade dos pequenos.

Livros de madeira: citamos aqui os livros de madeira da editora Saxônia, de autoria de Alice Góes e Lúcia Pimentel Góes, lançamentos inéditos no Brasil.

Patota animalda, de Alice Góes e Lúcia Pimentel Góes (Saxônia).

Patota animalda: com bichos desenhados em diálogo lúdico com seus nomes próprios, a partir da letra inicial. A criança poderá ser estimulada a formar e ler outras palavras, por exemplo: o elefante Elefofo. Este nome poderá ser desmembrado em ele, fofo, ela, fofinho, fofura, fofa, elo, fafa etc.

O livro *Oir* (com base em elementos do conto popular) permitirá ao leitor se surpreender, no final da narrativa, ao ver surgir um personagem do mundo maravilhoso atual, o Robom. Este poderá ser montado, em peças de madeira que se encaixam, permitindo que o leitor prolongue outras aventuras que sua imaginação criar. Há, também, um livro no qual as imagens-veículo são reconhecidas e lidas pelas crianças. O livro dos números, de um a dez, traz a representação de quantidades, em unidades alegres e coloridas, variando do sorvete às flores, formas etc.

Os livros em madeira permitem o contato com um material natural, não frio, como o plástico, sonoro, pois as páginas-folhas batem umas nas outras com um ruído gostoso. A bidimensionalidade é rompida pelo Robom, que pode ser montado pela própria criança e usado em quantas dramatizações desejar...

Consultar a obra *Mitologias*, de Roland Barthes,[2] capítulo Brinquedo. Transcrevemos um pequeno trecho:

> O emburguesamento do brinquedo não se reconhece somente através de suas formas que são inteiramente funcionais, mas também através da sua substância. Os brinquedos correntes são de uma matéria ingrata, produtos da química, não da natureza.

Muitos deles são agora moldados em massas complicadas; a matéria plástica assume neles uma aparência simultaneamente grosseira e higiênica, que anula o prazer, a doçura, a humanidade do tato. Um signo consternador é o desaparecimento progressivo da madeira, matéria que é, todavia, ideal pela sua dureza e pela sua doçura, pelo calor natural do seu contato; a madeira retira toda forma que serve de suporte à agressão dos ângulos demasiados agudos, o frio químico do metal; quando a criança percute ao manejá-la, a

---

[2] BARTHES, R., 1988.

madeira não vibra nem range, mas emite um som ao mesmo tempo surdo e claro; é uma substância familiar e poética, que deixa a criança num estado de continuidade de contato com a árvore, a mesa, o soalho.

Capítulo II

LIVRO SÓ-IMAGEM

Propostas de desenvolvimento de uma linguagem puramente visual

Eva Furnari

No livro, o desenho não teria mais o sentido de ilustração do texto, mas passaria a ser o elemento básico e único para estruturar a história. Em resumo, o desenho contaria todo o enredo sem que a palavra escrita entrasse em jogo.

Dessa maneira, a criança não necessitaria das explicações do adulto para fruir a história; e, o que é mais interessante, por meio de uma linguagem que lhe é extremamente familiar, haja vista quanto o desenho é importante na atividade da criança.

Ao propormos esses livros sem texto, estamos longe de negar o valor daqueles que o têm. A proposta consiste, quanto à praticidade, na elaboração de histórias que seguem algumas diretrizes por nós estabelecidas.

Para a definição dessas diretrizes, consultamos bibliografias relativas aos seguintes assuntos: o desenho, a comunicação, a criança e suas atividades e livros infantis. A relação dessa bibliografia encontra-se no fim deste volume. Além da consulta bibliográfica, pesquisamos certos aspectos da atividade infantil, tais como: observação de suas atividades artísticas; narrativa de histórias e observação das reações; recolhimento de uma série de desenhos para observação e análise.

Com o recolhimento de todos esses dados definimos os fatores e as características que consideramos importantes na feitura dos livros infantis, a saber:

- o livro deve ser um estímulo para a imaginação e a atividade da criança, podendo levá-la, até mesmo, a sentir vontade de pintar, inventar histórias ou brincar;

- a linguagem utilizada nos livros, tanto visual quanto verbal, deve ser apropriada ao universo da criança e à sua capacidade de compreensão. Com isso não queremos dizer que não devam ser dadas informações novas às crianças; a observação feita refere-se especificamente à estrutura e à forma de linguagem;

- devem existir alguns tipos específicos de livros para algumas faixas etárias; Por exemplo, para crianças muito pequenas, incapazes ainda de perceber um enredo, ou então, para crianças que ainda não sabem ler;

- os desenhos dos livros devem ser expressivos e não estereotipados, impedindo de certa maneira que a criança sofra influência perniciosa do desenho mecânico e inexpressivo;

- deve haver uma proporção razoável de livros que contenham desenhos "simples", coisa que não ocorre, em absoluto, hoje em dia. Esses desenhos seriam aqueles que estão longe de complicações ou de sofisticação e que concorreriam para evitar a consolidação da ideia de que o desenho "bom" e "certo" é somente aquele trabalhado, minucioso e de difícil execução.

1. Proposta lúdica

Na Coleção Ping-Póing (FTD), Eva Furnari oferece três títulos:

Quem embaralha se atrapalha
Quem espia se arrepia
Quem cochicha o rabo espicha

É a proposta na qual o jogo, a brincadeira, o trocadilho são elementos essenciais. Possuem estrutura combinatória. Propõem perguntas; este recurso — combinatória — detona novas descobertas, novos jogos de sentido.

São livros-jogos. Qual o tijolo e qual o cimento que os constroem?

A *COMBINATÓRIA*. Qual a espinha dorsal de sua construção? O *TROCADILHO*: duas coisas se combinam, formam uma terceira que é surpresa, tem graça, é inteligente e muito gaiata. O jogo da invenção, o gatilho da criatividade, é disparado num percurso superestimulante para qualquer leitor: do bebê ao bisavô!

Quem embaralha se atrapalha. O livro abre-se como uma janela, cada folha para um lado.

Na capa, um casal em trajes esportivos, camiseta sem mangas, está pendurado numa barra. Ele se veste de azul, ela, de rosa. Olham-se sorridentes e como se medissem seu desempenho. Os pés calçados e soltos no ar.

Segunda sequência: segundo par. Um casal em trajes de cerimônia. Ela de brincos, luvas, vestido *demi-long*, ele de paletó até os joelhos, curvando-se em cumprimento cerimonioso, segurando a cartola numa das mãos enquanto a outra segura a mão da dama.

Se o leitor virar·apenas a folha da esquerda, a mulher esportiva estará dando a mão para a dama; se virar a da direita, o homem da barra é que estará dando a mão para o cavalheiro.

Terceira sequência: terceiro par. Um elefante roxo puxa pelo rabo sua companheira em tom mais claro, que prende o rabo do parceiro com sua tromba.

Se você não virar a meia-capa, terá o homem na barra que se liga à elefanta; se virar a meia-capa, a dama é quem estará dando a mão para a elefanta que a segura com a sua tromba.

Quarta sequência: quarto par. Uma avantajada mulher de vestido vermelho toca trombone, enquanto outra, magrinha, vestida de verde, sentada em poltrona vermelha, faz seu tricô.

Enfim, as sequências sucedem-se em pares divertidos, sempre surpreendendo o leitor, fazendo-o rir das novas parcerias, pois as novas combinações são as mais insólitas, as mais engraçadas e gostosas... Fazem rir leitores de qualquer idade, fazendo bem à alma, desafogando tensões... estimulando a criatividade e inventividade. Afinadas com esta proposta podemos citar as obras: *Zuza e Arquimedes, Filó e Marieta,* da Coleção Ponto de Encontro (Paulinas), livros que podem ser lidos e mostrados a leitores, que vão do bebê aos maiores (pois não precisamos reiterar que a tataravó que for legítima representante de Matusalém, portanto, podendo-se dela dizer "cabecinha boa está ali", adorará essas leituras).

Quem embaralha se atrapalha, de Eva Furnari, Coleção Ping-Póing (FTD).

Filó e Marieta na capa, duas mulheres emolduradas. A Filó, com um presente, aproxima-se de Marieta...

Perguntas do professor-guia:[1]

— Qual o motivo da moldura? Enquadrar? Uma Eva *stricto sensu*, com todo o seu poder sedutor, enquadraria? E então, ainda mais sendo Eva somada a Furnari? Ainda por cima permanecendo em ambos os títulos durante todo o livro...

Pois olhem com olho arregalado, com muita vontade de ver.

— A Filó tem na mão o presente que cutuca a moldura?

— Ótimo, professora, seu olhinho vê mesmo! Gente, ela foi a única a dizer algo! A resposta revela-se a partir desse índice: a moldura não está presente para enquadrar, pois a própria autora a ultrapassa, violando-a várias vezes... Um artista morre, mas não enquadra, não confina...

A moldura, o cenário, nesses livros, sempre os mesmos, repetidos em tautologia, funcionam como "palco". Ou, se quiserem, como focos de luz na boca de cena do teatro. O olhar da criança fica preso à ação das personagens. Moldura enquadrando a cena, atraindo e ajustando o olhar do pequeno leitor, facilitando seu entendimento da história, os desenhos gerando o verbal.

A história começa, tem início, meio, fim; um antes x um depois, causa = efeito. O final surpreendente, bem-humorado, provoca no leitor um sorriso ou larga risada... e reler deliciado.

A moldura violentada, anteriormente referida, recebe os nomes técnicos e rigorosos de *sangramento* ou *vazamento*. Os dogmáticos não perdem tempo com imaginação, são superobjetivos, pão-pão, queijo-queijo. Pudera, não aprenderam a ser curiosos com o *Zuza e Arquimedes,* a utilizar recursos como *A menina e o dragão* (Formato); nem a seguir pista falsa, como em *Ritinha bonitinha* ou esquecer a teoria e aprender com o *De vez em quando.* Meu conselho: a Eva deveria criar um *De vez em sempre* para eles.

---

[1] O professor-guia Lúcia será indicado, de agora em diante, pela sigla PG.

Dentro da linha lúdica indicamos, dentre outros artistas, Rogério Borges (Kuarup). Adoramos, entre os mais de catorze títulos, *O rugido do rei e o visitante*: nestes tempos de caça aos caçadores é um tiro na mosca, quer dizer, no caçador!

Em *O mergulho maluco* (Moderna), Rogério Borges mostra divertidamente como uma macaquinha ou uma Evinha (feminino) pode ser corajosa. Nessa Coleção Hora da Fantasia, outro mágico, o Avelino Guedes, deu-nos o *Cobra-cega*.

Na capa, as cobras formam um coração (pista-índice da temática), o papagaio (vilão-arteiro-dissimulado) está coroado por auréola de santo — remetendo ao "santinho de pau oco" — (vamos recorrer ao folclore para saber o que significa essa expressão?).

Nesta deliciosa narrativa, pensamos nós que o receptor-alvo (não exclusivo) é o adolescente. Por quê? Porque o tema central é a dor de cotovelo! E como dói no primeiro amor... Segundo público-alvo: os casais, para refletirem sobre o ciúme, que, como desvela o Avelino, é o mesmo que morder e ferir a si próprio. O ciúme envenena quem o tem, causando septicemia total, no corpo e na alma! O final é realista, o ciumento se esgoela e o outro parte lampeiro, enfim livre da cobra ciumenta, para felicidade do Papagaio Fofoqueiro...

Ainda na Coleção Hora da Fantasia, de Regina Siguemoto e José Carlos Martinez, temos *Se ficar o bicho pega* (Moderna); versão divertida da cadeia do come-come, lei do reino animal infelizmente copiada pelo reino humano, ou pelos humanos não evoluídos que ainda permanecem rabudos, garrudos, bicudos, disfarçados pelas plumagens várias e coloridas ou pelo uso indevido de colarinhos brancos. Quer dizer, o forte x o fraco: a lagartinha saboreando o sorvete é alvo da gula do Sapão. Seguem as peripécias do Sapão, ou "peripateia", com o batráquio querendo engolir a lagartinha. Enfim, a salvação dela por um conjunto de circunstâncias que a favorecem no fim... Ah! Que será do Sapão? Leiam o livro para saber, talvez o feitiço tenha virado contra o feiticeiro.

2. Proposta indicial

O índice mantém relação estreita com o signo. Por exemplo: há fumaça, deve haver fogo, ou este acaba de ser apagado. O índice remete à coisa relacionada: se encontramos poças de água na calçada é porque ou choveu ou o local foi lavado.

Há muitos livros cuja estrutura é toda indicial. Os índices remetem aos sentidos que percebemos ou captamos: são livros excelentes para exercitar nosso poder de captação, de observação dos pormenores, bem como o conjunto, o todo.

De Juarez Machado, *Ida e volta* (Agir), primeiro livro sem texto verbal de autor brasileiro, foi publicado na Alemanha em 1976 e no Brasil em 1979, ao mesmo tempo que o *Flicts*, do Ziraldo, este, porém, com palavras, ainda que sintetizadas em curtas orações.

Se tal processo ocorrer tendo um grupo lendo em conjunto, o clima será de dinamismo. Cada aluno com seu livro na mão, de preferência no seu *primeiro contato*, o PG pede que descrevam, indiquem, falem de tudo o que veem... Aconselha-se o estímulo às descobertas por meio de perguntas provocadoras:

Ida e volta, de Juarez Machado (Agir).

— Alguém tomou banho!

— Perfeito, como sabe disso?

— As pegadas azuis no chão...

— Certo, e o que mais pode ler nessas pegadas?

— Elas seguem para a direita, continuam pela página dupla, rosto etc.

— Exatamente, elas conduzem o leitor, este que assume os pés dessas pegadas e seguirá o livro todo levado por elas. Só as pegadas revelam o banho?

— Também a cortina arregaçada...

— Há mais índices, arregalem bem o olho para ver tudo, que tal?

— Ah! A gotinha, única, azulinha pingando do chuveiro!

— Isso mesmo! Quem já abriu torneiras sabe que, mesmo fechadas, sempre pinga a última gota (lembrar que nem todos dominam o código... no meio da mata amazônica, em certos casos, pessoas jamais viram água encanada. Nós alcançamos o tempo em que no sul do Pará jamais tinham visto chuveiro...).

Então o índice remete à sua causa. Sua existência é fugaz, existe enquanto permanece a causa, fumaça só enquanto dura o fogo. O livro *Ida e volta* é todo construído por índices. Este é o elemento construtor de seu esqueleto.

O índice obriga o leitor a refletir e buscar a causa; o índice é uma pista, ele é sempre afetado pelo objeto, é fugaz, tem com sua causa uma relação direta (fogo-fumaça). Juarez Machado aproveitará a pista para "despistar" [...] e, então, o leitor dará boas risadas com as "piadas visuais", com os próprios enganos resultantes de ter seguido sugestões capciosas, feitas propositadamente para fazê-lo cair na armadilha.

Na leitura em conjunto, o PG vai aumentando o suspense. Ao se deparar com pegadas de animal, indaga de que tipo seria ele. Logo depois surgem pegadas de outra natureza, novo suspense, nova piada visual. Assim, entre suspense e humor, acompanhamos as pegadas, nas ilustrações de capa a capa, fechando-se o círculo, ou o recomeço, pois do clímax final o leitor é remetido, compelido a refazer o percurso.

O suspense brota do despistamento, das pegadas, pois todo o livro coloca o leitor no papel de detetive... o dono das pegadas ou personagem principal mantém-se invisível, invisibilidade que quase é preenchida pelo leitor, e ele não será corporificado até o final.

Em síntese, cabe ainda observar o uso de linhas, as formas geométricas facilitando a decodificação pela criança. Retângulos, quadrados, linhas circulares, pontilhadas, sinais de trânsito predominam. São dezenove quadros, em dezessete páginas duplas, além da capa e da quarta capa contando uma história linear com final surpreendente (que se revelara circular) em apelo irresistível ao recomeço.

- Tempo e espaço em sucessão de cenas-quadros.

- Leitor conduzido pelo percurso-pegadas da personagem "invisível" ou em "suspense".

- Condutor misterioso ou condução em compasso de mistério...

- Uso de aquarela.

- Presença do humor resultante dos já referidos "despistes".

- Imagens de um narrador cujo ponto de vista identifica-se com o olhar da criança, pois se situa ao rés do chão, bem abaixo da altura do foco visual do adulto (ver à frente o estudo do livro *A pontinha menorzinha da colherzinha de café*).

- Gradação espacial crescente: espaço interno (cenas nos interiores da casa); espaço externo (sair de casa, caminhar); espaço aberto (praia, horizonte do mar, céu).

- Esquema lógico, cronológico, temporal atravessa toda a narrativa.

- Gradação tensional crescente: no suspense, na ação, terminando no clímax (queda-derrame de tinta) que aciona a volta ao chuveiro, banho...

- Atmosferas sugestivas: marcas espaciais e de "um modo de ser" romântico-lírico: gramofone, dançar após o café, casinha de cão com céu, arco-íris, flores presenteando com vaso de flores a senhora idosa, bandeira "antiga" da porta da bicicletaria. Tais sugestões de clima/ atmosfera criam certa ambiguidade, exigindo "leituras" de cada receptor:

a) o que o leitor diz (a história narrada);

b) como o diz (o discurso, a efabulação);

c) produzindo significado, o leitor é co autor, produtor de sentidos acrescidos aos do autor (pois este não é dono dos sentidos do livro).

Livro-arte para ser lido por todo e qualquer leitor: criança, jovem, adulto, sempre ao lado de um poema de Quintana, Romano de Sant'Anna, Bandeira, Drummond; ou de Lispector, Lígia Fagundes Telles, Sabino ou Fonseca. Não só o *Ida e volta*, mas também qualquer das obras citadas neste livro e as demais de literatura infantil e juvenil, não como gênero menor — equívoco dos teóricos dogmáticos —, mas como obra de arte que são. Oportunas sempre.

3. Proposta sensível-impressiva

Nesta proposta o sensível e os sentidos são estimulados de modo relevante. Tato, paladar, olfato, visão, audição cruzam-se em sinestesias várias.

O PG deverá, por meio de perguntas-respostas, estimular a dimensão impressiva de seus leitores-alunos. A série com a personagem Ratinho, livros só-imagem de Monique Félix, é um ótimo exemplo desta proposta. Escolhemos, como exemplo, o livro *O ratinho que morava no livro,* publicado em 1980, na Suíça, e pela Melhoramentos, em São Paulo, em 1982.

Capa e contracapa apresentam um personagem, o Ratinho: fofo, pelo cinza, focinho e orelhas rosadas, olhos azuis, doces, rabo longo. O espaço em branco é dominante: a página esquerda inteira e a direita toda branca conduzem ao Ratinho olhando para cima, matutando.

PG — Na figura, o que lhes chama mais a atenção?

Dadas as respostas, analisar, discutir em conjunto as diversas leituras, que se abrem em leques sugestivos e amplos. Essa abertura dependerá sempre do PG, de sua capacidade associativa de provocar e deflagrar pistas, caminhos, ângulos originais... O PG deverá mencionar, caso ninguém o cite, o rabo. Na primeira imagem, o rato apoia sobre ele todo o corpo; na segunda, o rabinho está esticado no ar, traduzindo a tensão muscular que toma todo o ratinho no seu esforço para segurar ou empurrar algo.

O PG procurará motivar com perguntas a expectativa de todos.

Na sequência, o rato roerá uma folha; ele a ergue e olha. Pelo rasgo que se alarga surge algo em tons verdes.

PG – De que modo ele olha?

O ratinho que morava no livro, de Monique Félix (Melhoramentos).

O ratinho que morava no livro, de Monique Félix (Melhoramentos).

As respostas costumam enumerar ou elencar tudo o que se avista. Raramente alguém faz referência ao ponto de vista narrador-com ou narrador--personagem (na classificação de J. Pouillon),[2] que olha muito de cima para baixo. Além de sua posição, totalmente virado para baixo, avista-se todo o telhado de uma casa, o que só poderia ser descortinado se o observador se encontrasse bem acima dele. O ratinho está numa beirada, cabeça totalmente inclinada para a paisagem, as dimensões do que é avistado por ele estão bastante pequenas em relação a seu tamanho, sugerindo distanciamento.

O ato de roer prossegue, a abertura permitindo o alargamento da visão da paisagem, em díade equivalente: maior rasgo = maior visão; página arrancada = paisagem completa.

Então, a ação de *roer* é substituída pela ação de *fazer*. O ratinho constrói algo: um aviãozinho com a página arrancada.

Temos a progressão crescente: da altura do plano do olhar-narrador, elevando-se acima das nuvens e até da chuva que cai. Parece querer alcançar o arco-íris.

Acontece o clímax: o Ratinho embarca no seu transporte aéreo e assenhora-se da paisagem para, depois de assimilada, avaliada, poder aterrissar no local-objeto-alvo, um campo de trigo.

Ação de roer (comer/digerir), ação de assimilar (o alimento) e, tão bem alimentado, energizado e enriquecido, *agir, partir* em busca de *manjares ou manás*.

Possível leitura: o *percurso do leitor*.

PG – Estaríamos extrapolando, forçando a leitura?

Responderíamos com mais interrogações: por que Lobato queria, "por que desejava escrever livros onde as crianças pudessem morar?".

Analise ou decodifique as metáforas: roer páginas de livro, ir adentrando seu conteúdo, viajar através de seu conteúdo, o avião feito de uma página, aterrissar em campo de trigo. Do que é feito o pão?

---

[2] POUILLON, J., 1974.

Novo fio textual, agora bíblico: "Nem só de pão vive o homem".

— Qual a simbologia do arco-íris? Do arco-da-velha? Do trigo como alimento?

4. Proposta analógica

As leituras são provocadas pela semelhança. Formas, cores, espaços, linhas organizam-se por associações. Estas não encerram afirmações únicas, excedentes. Sua essência é a sugestão.

O livro-amostra desta proposta é o *Tapete verde*, de Isabel Cristina Passos (Vigília).

Capa e contracapa formam, de fora a fora, uma paisagem em que o traço marcante é a forração em folhas verdes do solo, portanto um tapete verde. Plantada nele, uma pequena casa em reprodução típica (estereótipo de casinha, desenhada por todos, em especial, por crianças). Iconicamente remete ao sol, senão vejamos: é toda em vermelho, porta branca, ao fundo vê-se um céu azulado. Seria, pois, uma casa-sol decompondo as cores, o título em amarelo induzindo à leitura por analogia ou por semelhança.

Técnica: traços a caneta produzindo o reticulado; aquarela.

A página de rosto, em diagramação impactante, destaca dois avantajados pés, calçados com tênis e meia. O tênis, verde; as meias com listras, em reticulado; o restante do espaço, em branco. Esta disposição será o pictórico do eixo-construtor do livro: verde, branco, reticulado.

A personagem metonímica, parte do todo, *pars in totum*, portanto, incompleta, leva o leitor a imaginá-la inteira. O livro tem doze páginas, a primeira e a última, simples ou únicas. As demais compõem quadros duplos em folhas duplas.

O PG deverá levar sua classe a perceber a distribuição e redistribuição do branco, verde, reticulado. Exemplo: o reticulado indo da meia para o gramado, depois para o miolo. Deste para as flores, voltando para a meia e, por último, para a colcha ou, se quiserem, cortina esvoaçando sobre o sofá... Clima meio indefinido, ambíguo: dentro de casa, tapete verde ou gramado?

Livro no qual o sentir, o sensorial, a sensação são textos que predominam na leitura, tocando o leitor sensível. A linha narrativa é apenas um esquema de ir e voltar, apenas suporte para a analogia de formas e cores.

Citando outros livros com proposta analógica, lembramos o *Zão*, de Carlos Nejar (Melhoramentos), no qual a ilustração segue também a associação por semelhanças, porém em ressonâncias intuitivas.

A leitura por analogia é muito mais rica, pois se abre para um leque de possibilidades. O eixo da contiguidade (vizinhança) ou eixo lógico — o da frase — permanece em proposta mais fechada.

5. Proposta informativo-lúdica

São obras que conjugam a informação com o tratamento lúdico. O escritor e o ilustrador utilizam as informações de forma indireta. Revestem-nas de cores, formas, linhas inusitadas, ora engraçadas, ora provocadoras. Buscam complexidade crescente, tecem rede de fios, tessitura que exige do leitor um "olhar de descoberta".

De Regina Coeli Rennó, *Que planeta é esse?* (FTD).

Capa indicial. Inicia-se em *média rés*, um passarinho fofo, amarelo (personagem principal ou protagonista), espiando por um telescópio. Harmonizando-se com ele, a claridade; as estrelas têm o amarelo do sol. O pássaro está entre nuvens que o cercam. Sempre em círculo, ele vê o planeta Terra, onde árvores estão serradas, machado fincado em um toco. No segundo círculo, domina a poluição, carros em profusão desordenada, fileiras e fileiras de prédios, fumaças formando nuvens escuras e ameaçadoras. Estas se opõem totalmente às nuvens da abertura desta narrativa.

O passarinho perde-se de seu *habitat* sossegado, arejado, harmonioso: o lixo humano passa a atingi-lo de todas as formas num crescente assustador. Suas asas antropomorfizadas em braços adotam gestos humanos de desespero, angústia, e depois buscam solução... Ela virá na hora, por meio da metáfora: a água. Toda a simbologia analógica é transportada para as cenas: limpeza, batismo que lava qualquer mancha, recomeço purificado, renovação, começar do princípio, reviver!!!

Superimportante é que o PG provoque nos alunos o *olho arregalado* para que captem o que está na página, completem, enriqueçam o visto com suas leituras, novos sentidos.

Exemplo: a grande nuvem de poluição (lembrem as de Cubatão, quando, em julho de 1991, em virtude da inversão térmica do inverno, ficaram paradas, a baixa altura sobre parte da cidade, obrigando a evacuação emergencial de milhares de pessoas; para não citar a de Chernobyl, causadora de milhares de vítimas, além das ainda em processo de câncer a caminho da morte...). Voltando, no meio da horrível nuvem-sujeira, temos mínimos espaços de azul e partes de estrelas douradas. Novo símbolo-metáfora... Nossos leitores devem decodificá-los. Também não daremos a comidinha na boquinha, não... escritores, ilustradores são sonhadores, lutam com armas de papel (as únicas em que confiam), mas acreditam integralmente na capacidade dos leitores, PGs ou não.

Portanto, o livro tem como proposta passar uma informação, dar uma lição, sim, mas o faz de forma artística, lúdica, ótima.

Felizmente, há muito nos livramos dos dogmáticos donos da verdade.

O livro de literatura, o livro de arte ensina, sim, e muito!

Como o faz, eis aí a questão: com arte ou só lição? Se for só lição, então é livro didático; ou é planfleto sanitário, político, feminista, ecologista etc. útil nos seus espaços próprios.

Cabe aqui uma observação. O livro pode ser informativo e ser ótimo! Um exemplo é o de José Hamilton Ribeiro, *O sr. Jequitibá* (Quinteto). Delicioso! Ou *A sementinha*, de Alves Redol (autor português) e, se nos permitem, *O maravilhoso sr. Grão-de-Café*. Tais livros são informativos com tratamento literário. Nenhum é exclusivamente didático; todos têm o objetivo de informar didaticamente sobre algo, porém sob forma artística, com recursos expressivos, de estilo, de construção narrativa, de estética, de humor etc.

A grande literatura produz o prazer que tanto está na arte da palavra como na arte de suas lições-propostas... aprendemos muito mais sobre o homem, a humanidade, o universo, a aventura de viver num romance, numa novela, num livro de literatura infantil e juvenil do que nos insossos livros — com raras e honrosas exceções — didáticos de primeiro grau e quantos graus desejarem... Entre eles, entretanto, parece-nos que, a partir do segundo grau, o autor do livro didático liberta-se do estereótipo e faz livros informativos dignos do nome que levam.

Outros exemplos de proposta informativo-lúdica: *O peixinho perdeu o inho,* de Sônia Junqueira, ilustrações de Cláudia Scatamacchia (Moderna). Por meio de um jogo de perde-acha, a inventividade da autora e da ilustradora vai substituindo os sufixos *inho* na história de um peixinho, levando o leitor a acompanhar a montagem e desmontagem das palavras. Brincadeira superdivertida e estudo da língua. *Jacaré perdeu a boca* é outro título desta coleção, No Caminho do Perde-Acha.

Em *Um avião e uma viola* (de Ana Maria Machado e Gian Calvi), e na Coleção de Ricardo Azevedo, Céu da Boca, com títulos como *Às vezes me sinto sem cinto,* todos da Melhoramentos, o eixo construtor é o *trocadilho* visual e léxico, que leva o aluno a construir-se leitor, atribuindo significado às palavras por meio do contexto que as cerca. Nessa linha, ampliando o jogo dos sentidos para a troca entre sentido *ao pé da letra* e sentido *figurado,* da editora Moderna, *Falando pelos cotovelos,* de Lúcia Pimentel Góes e desenhos de Osnei, conseguiu ampliar e enfatizar com muita graça a linha de humor da narrativa.

6. Proposta: fragmentário e simultaneidade no livro só-imagem

Obras em encaixe, vinhetas para serem lidas, linguagens múltiplas. As unidades e o todo são reversíveis: singular e múltiplo mantêm sua especificidade, assim como podem ser lidos em somatório. Estas obras exigem um leitor fluente ou, para uma leitura de alta produtividade, o leitor crítico.

De Ângela Lago, *Outra vez* (Miguilim). Capa e contracapa já contêm as linhas estruturais e os eixos-de-construção de todo o livro.

PG – O que significariam as duas ferramentas acopladas ao rabo do cachorro? Balde e Tridente? Quando terminarem a leitura, decodifiquem o abraço da menina e do cão.

No livro há vinhetas. (Em sua origem, estes desenhos representavam cachos e folhas de videiras. Assim, como essas pequenas estampas, para explicação de texto ou para ornato, traziam motivos originados nas vinhas, folhas, cachos de uvas, elementos essenciais e vitais para o homem antigo e medieval, passaram a significar as frisas que emolduram as páginas: as vinhetas.) Neste livro, na capa, elas se sucedem em motivos: copos-de-leite, ratinhos, bandeirolas. Na vinheta mais interna, um sol sorridente, lua, antropomorfizados, e, no quadro central, os três figurantes-actantes da história: menina/cão/vaso de flores.

Na quarta capa, a diagramação dividiu-a em sete porções, de formas e tamanhos diversos, com desenhos múltiplos e variados; variação que vai desde a perspectiva ao movimento, à cena, ao humor (papagaio de bico amarrado, borboleta presa ao regador, o abraço-afago da menina e do cão).

Simultaneidade e fragmentariedade, eis o cerne da proposta narrativa e de construção do livro.

Às vezes páginas duplas, com desenho de ponta a ponta, outras, cada página uma cena etc. Há nelas mil detalhes, cenas menores e maiores para serem descobertas e lidas.

O leitor criança tanto poderá ler apenas o detalhe, como o todo ou ambos. Livro que é um nunca-acabar de descobertas e surpresas. Com piadas--desenho do tipo: gato com venda branca no olho, parodiando os célebres piratas ou navegadores (poeta Camões, por exemplo) de tapa-olho negro. Ou o inusitado-surpresa da borboleta que, voando no canto superior da capa, aparecerá, já na páginaa de rosto, pousada, de cabeça para baixo, olhando o cão; este, por sua vez, aponta para a menina e olha para o leitor, em gesto cúmplice, como dizendo "veja bem", "olhe com atenção" ou "leia para ver o que acontece".

Foi num *insight* que ligamos os fatos; tendo estudado obras como *As mil e uma noites, Sendebar* etc., familiarizamos-nos com a estrutura labiríntica, ou caixa-de-surpresas, ou ainda estrutura-em-cadeia em que um fio narrativo condutor liga os fragmentos ao todo. A esse fio penduram-se mil historietas (as histórias de Sherazade contadas a cada noite), os exemplos do filósofo Baidab ao rei Dabshalin...

Aqui, o fio condutor é a cadeia de solidariedade que se estabelece, a menina recebendo o vaso de flores — flores-símbolo, amores-perfeitos — ofertado pelo cãozinho, levando ao personagem do faz de conta, o rei, que o doa, por sua vez, à personagem do absurdo, a Quimera, ocupada em preparar com Maizena, pó Royal (concretos), doçuras, sonhos como suspiros. E em troca destes, o vaso de flor é colocado na janela, onde a cabrinha arranca um amor-perfeito; o gato apaixonado surrupia o vaso, diante da admiração do peixe da fonte, com o cão perseguindo a cabrinha.

Em serenata no telhado, a sofisticada gata-dama permanece indiferente ao apaixonado cantor. O vaso cai do telhado em quadro-clímax, todos os personagens bichos vivendo, emocionados, a queda do presente amoroso. Recuperado pelo cão, e novamente presenteado à menina... Outra vez.

Mil vezes o *Outra vez* será lido, relido, com mil e uma surpresas e descobertas. Prova: o PG de olhinho arregalado viu a formiga ajudando o caracol a subir os degraus da escada? Nessa mesma página, onde foi parar o peixinho? O que aconteceu com a formiga depois do seu esforço? E o anjinho, deslocando-se, cativando-nos com suas atitudes?

Leitores, entramos no *Outra vez* e, com o mesmo carinho do cãozinho, oferecemos a vocês o vaso de flores, presente da Ângela Lago a todos nós.

CAPÍTULO III

DIÁLOGO PALAVRA X IMAGEM

Do livro só-imagem, a proposta expande-se para o diálogo palavra x imagem. Diálogo que se produz em gradação de complexidade, seja no verbal seja no visual, tanto quantitativa como qualitativamente, das palavras, das frases, da forma; ou, dizendo de outro modo, complexidade crescente nos níveis fônico, morfológico, léxico, sintático, semântico e de conjunção de linguagens.

Os livros da série Viagem (Melhoramentos), de Ricardo Azevedo, fazem justiça ao leitor ativo, participante. Em estilo surrealista (associações inusitadas, com muito humor, provocativas), temos o livro *Aquilo*. Capa em pianos superpostos com variedade de coisas, objetos naturais e culturais pontilhando a paisagem, em quatro cores. Flutuando no espaço, um homem em pé sobre pequena nuvem branca, destacada do céu azul. O livro, em dezesseis páginas, aquarela, ecoline e contorno a nanquim, seguirá o esquema: página dupla colorida, só imagem; página dupla em branco e preto com linguagem verbal (apenas uma frase). Ela se estende em diagramação que ocupa, na página dupla, o espaço central: "Quando aquilo apareceu na cidade foi um deus-nos-acuda".

Páginas independentes: a primeira em branco e preto e a seguinte em cores; na página em branco e preto, as palavras "Teve gente que tremeu de medo"; na seguinte (em cores), "Teve gente que ficou feliz". O esquema relaciona a ausência de cor a um estado de falta, carência; a presença das cores, à alegria, amor...

Página dupla em branco e preto, as seguintes, separadas (e em cores); outra dupla sem cores, para terminar em uma única, com um espaço retangular pontilhado e a sugestão-imposição: "Desenhe aquilo aqui!".

Em entrevista, o autor relatou certa experiência com duas classes, que tinham trabalhado o "aquilo". Em uma delas, a PG tinha amado a proposta e os alunos desenharam inúmeros e variados "aquilos", na mais absoluta liberdade. Na outra classe, a professora começou por interpelar o autor, indagando se ele pretendera confundir a cabeça das crianças. Todos os seus alunos, no espaço próprio, tinham desenhado a figura de Deus. Classificaríamos como professor-guia apenas a primeira.

Em *Viagem estrelada,* da mesma série e autor, já não existe a alternância branco e preto e páginas coloridas; não há relação de ausência e plenitude ligada às cores. A não ser na página da travessia da floresta em noite escura.

Há achados felizes como: "Pegar carona com as nuvens, escalar sete montanhas"... O roteiro verbal é bastante expressivo. Por exemplo: Planejar a minha rota, desenhar o meu caminho, em diálogo icônico com o visual: o viajante em meio a imenso mapa, uma única árvore verde, símbolo. No seguinte: "Descobrir o meu destino, no fundo do coração!".

O personagem, no alto de um monte, embaixo da árvore, contempla seu destino no céu estrelado: estrela-coração sugerindo, talvez, uma metáfora intuitiva — o fundo do nosso profundo, às vezes, parece fora do nosso alcance... numa estrela-coração! Outro leitor proporia: meu destino é uma busca simbolizada por estrelas diversas, uma delas seria a do amor-coração; ao folhear o livro, o leitor vê, na folha seguinte, o personagem sentado como que se distanciando da força dos sentimentos, para descortinar mais objetivamente o seu roteiro.

Planejar a minha rota, desenhar o meu caminho. *Viagem estrelada*, de Ricardo Azevedo (Melhoramentos).

Depois da parada-reflexão, seguirá no rumo do horizonte, "companheiro da alegria, do prazer e da esperança": calor e amor, varando madrugada, ultrapassando o tempo, pois: "Não posso perder um dia nesta viagem estrelada".

PG – Vamos pegar carona com o Ricardo, sem perder mais um minuto, embarcando sem demora nessa *Viagem estrelada*, com muita alegria, prazer, esperança em *compasso de calor e amor?*

A Coleção SOS Natureza, de Luiz Gouvêa de Paula e ilustrações de Ciça Fittipaldi, terá, ainda, outro título analisado mais à frente, por tratar-se de texto com outras características. Aqui, falaremos do livro *A piabinha* (FTD).

Capa em moldura, enquadrando em meio azulado-aquático o peixe piabanha, em sugestiva bela gradação combinatória de cores. Vira-se a página e uma paisagem ampla de fora a fora nos captura. Folhagens, horizonte marcado por serras e terras baixas, céu amarelo-dourado, uma voadeira e um homem, de costas para o "leitor virtual, sempre implícito no texto", remando com mão firme. Nova página dupla, e o olhar do narrador onisciente revela ao leitor o nadar submerso dos peixes em águas límpidas (não poluídas), pois se trata de peixes avantajados, bocas abertas saciando seu apetite na fartura das águas.

Na linha divisória, superfície e água abaixo, a parte superior é iconizada em amarelo compacto (técnica: guache sobre papel verde). No amarelo, apenas na página à esquerda, em escalonamento, lê-se:

"A piabanha (letras na horizontal) *banha banha banha*" (letras inclinadas) — ícone — do nadar dos peixes, (em simbiose com seu meio líquido). Nova página dupla, já movimentada por sapos nas folhas, saltando, libélula em voo, flores de superfície e aquáticas. O verbal, em colorido — um tom abaixo do laranja, um alaranjado, explicita: "e às vezes se mete em palpos de aranha".

O suspense está instalado. Ao folhear, surge enorme piabanha, boca escancarada engolindo, esquecida da isca. Fundo em verde, recortado por folhagens em tons graduados para o amarelo. Na página à direita, compondo a cena, quatro pererecas, patinhas esticadas, dedos ponteados de bolinhas amarelas... Estão em alerta, voltadas para a bocona ameaçadora.

Um fio desce reto, fisgada está uma delas pela isca. Dentro da isca, o anzol, depois nó, linha, caniço, enguiço.

O diálogo verbal x imagem cresce, esquenta, amplia-se, acelera, até vermos a piabanha frita, descarnada, pescador saciado, dormindo sono pesado. O verbal ao pé da página sentencia em suavização de fórmula popular introdutória: "Era uma vez (destacada em uma única linha) uma piabanha com farinha..."

Da RHJ, Coleção Ilustrador-Escritor, de Mário Vale, o ecológico, lindo, em redundância por nós assumida, pois se trata do livro *Passarolindo*. Técnica: recortes de papel espelho, colagem, fotografado, reprodução em papel cuchê.

Lemos o livro para oito crianças, moradoras de uma fazenda na região do Araguaia, três delas jamais tendo frequentado escola. Comoveram-se com o *Passarolindo*, toda a noite sob chuvão grosso e forte, jogando fora a água de sua casa-sapato. Acabou morto de cansaço, com gripe violenta e febre alta. Foi quando passou um menino (no caso, negro, o que permitiu imediata identificação, pois, com exceção de um deles, os demais eram negros). O menino negro foi o salvador de *Passarolindo.*

A beleza do visual contaminou-os, gostaram imensamente. Aliás, já trabalháramos com eles, diversos livros, pois assim fazemos anualmente, em julho, embora muitas crianças se dispersem, sendo poucas as que permanecem a cada ano.

Portanto, um livro, quando conduzido por um professor-guia comprometido com a aventura de ler vivendo, não encontra "nenhumas" barreiras... plagiando o angolano Octaviano Ferreira ("nenhuns patrões de guerra e de morte").

Gostaríamos de incluir, aqui, o livro de 1974, de Irene de Albuquerque, ilustrado por Eliardo França, *Uma vez um homem, uma vez um gato* (Conquista/MEC). Em corrida do homem e do gato, leva a melhor o *peixe*!

Domingo, o homem saiu para pescar.

Lá vai ele, de caniço e samburá. Alegre! Alegre! Alegre!

Diagramação, desenho, enquadramentos que significam!!! Páginas simples, páginas duplas, surpresas, em que tudo tem sentido, o verbal conduzindo personagens e leitor.

Diríamos que o eixo construtor por excelência deste livro é o enquadramento.

— Sim, PG, enquadramento!

— Então, caímos em contradição!

— Não, prezada colega! Compre o livro, leia os enquadramentos, um por página; três nas páginas duplas, outros de ponta a ponta (páginas 6, 7, 8, 9); depois, nas páginas 14 e 15, dois em forma de triângulo, em cada uma das páginas. Seis quadrados na 16 e 17, com as figuras vazando e sangrando os quadros contíguos (ou vizinhos). No final, alternam-se, um por página, outro de fora a fora, e o final (páginas 22, 23) em três grandes molduras retangulares ao comprido recortando o homem.

Portanto, neste livro a moldura enquadra a cena, dá a atmosfera, fixa a ação, para em seguida libertar o que enquadrou, dar movimento como uma rosácea em mosaico (página 9), ciranda dos peixes, páginas 14 e 15.

Nada mais semiótico, icônico, porém enquadrado, do que os peixes presos (fisgados) pelos olhos do homem e do gato!

— Certo, Lúcia, você olha mesmo de olho arregalado!!! Posso fazer uma perguntinha? Será que, quando dorme, fecha um olho e arregala o outro?

— ???

— Hi, hi, hi!

— Não nos pegou não, PG. Fechamos os dois, mas abrimos o *terceiro olho* (o que fica no meio da testa), o que *mais vê*. É ele quem comanda nosso olhar... tente abri-lo, amiga, se já não o fez.

Em diálogo poético, lúdico, verbal, visual, Luís Camargo, na Coleção Hora da Fantasia (Moderna), nos oferece *Mancha*.

O PG é o Luís Camargo: mostra a mancha que parece, mas não é; levanta hipóteses do que parece ser: coisas só de filmes, não terrenas, como o anjo, ou personagem de Peter Pan, o Capitão Gancho; algo jamais visto! quiproquós de anjo, galocha, santos garranchos. E pasmem,

O homem arregalou os olhos. Só via peixe!

Uma vez um homem, uma vez um gato, de Irene Albuquerque, ilustrado por Eliardo França (Conquista/MEC).

Papais/Mamães/Titios/Titias
Sabe-tudos de qualquer espécie:

"Escrever é gostoso
como chupar manga...

... desde que

não fiquem chamando
o escrito da gente
de
GArraNchO   (*em vermelho*)

É ou não é?"

Obrigada, Luís, é brincando que se aprende! Um mestre como você deu-nos uma lição bem dada!

> Um garrancho
> não é só
> um garrancho:
> um garrancho
> pode ser estreia
> de futuros
> Luíses Camargos
> M de Maior*
> É ou não é?

* M = artista Maior, quer dizer,
artista pra burro,
quer dizer,
artista no duro!
artista pra chuchu!
artista MesMo!!

O leitor é quem sabe com que M fica.

— Em cima do muro?

— Só se for para contemplar a paisagem...

Mancha é aconselhado "para crianças em fase de alfabetização".

— Para nós, a sugestão está incompleta: para jovens e adultos em fase de alfabetização do *ver*... sem *ver* ninguém *lê*, ninguém *escreve*, só faz *garranchos*, ao contrário da proposta poética e aberta do autor.

Da dupla Regina Siguemoto (texto) e Martinez (imagem), o bem-humorado *bum-que-te-bum-bum-bum* (Editora do Brasil). O título, como sempre excelente motivação a ser explorada na partida da aventura de ler, é uma onomatopeia, portanto, extrato sonoro. No caso, nasce da própria alma do nosso povo, todo ele ritmo, dança, samba no pé... a passista seria Maria Rita, uma pernilonguinha muito fofa atraída pelo bumbum da hipopótama Sarita... ritmo, bamboleio, sonoridade percorrem todo o texto em diálogo cujo diapasão é a graça, a brincadeira, provocando o riso gostoso do pequeno leitor.

A diagramação emoldura o texto no anverso das páginas, em que o texto se enquadra; a moldura tem a função de atrair, concentrar o ver/ler e conduzir para a plena significação que brota da página ao lado, inteiramente ilustrada. Mesmo a moldura não enquadra, não confina, pois o vazamento-sangramento brinca condensando e alargando significações.

No próximo diálogo palavra x imagem temos uma dupla coroada, Mary e Eliardo França... cabeças coroadas só poderiam ser de França!

O passeio encantado pela Coleção Gato e Rato (Ática) vai desde *O rabo do gato* mais 21 títulos, até o livro *Sapato novo*. Este impedia a marcha do soldado João. O compasso da marcha regido pela rima ão, que se transforma no rufar de tambor:

> vão / capitão / atenção / João / chão
> não / pião / chorão / solução / pelotão /

Figuras sonoras, figuras visuais, figuras verbais...

Da mesma coautoria há livros e coleções em gradação de idade, porém sem limites rígidos, pois encantam todo leitor sensível. Em si mesmas seguem uma gradação no diálogo aqui estudado. Exemplo: o livro *A peteca, A estrela* e outros.

Um marco neste diálogo palavra-imagem, talvez mesmo um dos primeiros na nossa proposta de *objeto novo*, é o livro de Ruth Rocha, *Nicolau tinha uma ideia*, com ilustrações de Walter Ono, e o exemplar aqui comentado é o da Coleção Beija-Flor (Abril Cultural, 1977).

Na capa, a figura do Nicolau, na já consagrada representação em linguagem de balão, de uma pessoa pensando... Dentro do balão, o título.

Nas duas primeiras páginas, encabeçando cada uma, a oração dividida ao meio:

Primeira página = "Era uma vez um lugar onde cada pessoa..."; Segunda página = "... só tinha uma ideia na cabeça".

A ilustração de fora a fora mostra várias pessoas, cada uma com sua idéia, repetindo a linguagem em balão da capa (portanto, uma intratextualização desse recurso estrutural das histórias em quadrinhos). As cabeças visualizam de zebra a pirulito, além da brincadeira de Walter Ono que, para o pensamento de uma tartaruga, coloca apenas um ponto de interrogação. O leitor poderá divertir-se imaginando o que pensa uma tartaruga. Na seqüência, cada página trará aumentadas as diversas personagens, cada uma com sua idéia exclusiva: João, Maria, Pedro, Manuela. Um dia apareceu o Nicolau. Sua idéia era uma pomba branca. Procurou João e contou sua idéia para ele, que ficou com duas idéias. O mesmo fez João para Nicolau. A troca se multiplica e Nicolau ficou cheio de idéias. Ruth escreve:

> E as ideias de Nicolau começaram a se misturar com as outras e a formar muitas outras idéias.

O balão ocupa quase toda a página. As idéias são iconizadas em formas fechadas e de colorido forte. Então, segue-se página dupla representando a alegria das pessoas ao descobrirem como era divertido ter muitas idéias na cabeça. As bolinhas que alcançam o balão (ícone do pensar, agora comum) saem de cada cabeça e acoplam-se ao pensar alheio.

> Aí cada um resolveu trazer os filhos... para o Nicolau contar suas idéias. Nicolau teve que arranjar um lugar grande onde ele pudesse contar às crianças as suas idéias.

Esta oração já não é representada pelo confinamento do balão, mas por uma abertura total em que aparecem terra, céu, idéias e, principalmente, Nicolau, em perspectiva do alto e de costas para o leitor, como que abraçando a criançada, transmitindo-lhe sem fechamento, mas em *diálogo*, o que é estudar: aprender a vida. Esta frase é uma das leituras de Lúcia do final, que no verbal de Ruth Rocha vem:

> E naquele lugar, agora,
> todo mundo tem uma

> porção de ideias.
> Como você, que também
> conversa com os outros,
> ouve as ideias deles
> e aprende uma porção
> de ideias na escola.

Existe tanta gente, ainda, que ignora esta *troca*. Acha que só ela sabe das coisas ou só sua turma. Não aceita a ideia do outro, não pode defender a mesma ideia, mesmo que seja ideia de justiça, igualdade, fraternidade, democracia... Há muitos patrões (no mau sentido) das ideias. Aí eles viram ditadores... Morrem de medo dos ditadores... Há ditadorzinho, ditadorzão, *ditador gigante*, esse é um *terror*... Esses monstrinhos ou monstrões podem estar em casa, entre amigos, na escola... onde houver *poder*, pode ter certeza, lá estão eles rondando...

Pensamos que esta obra, assim como o *Reizinho mandão*, de Ruth Rocha (Pioneira), é um dos mais admiráveis *objetos novos* da literatura infantil e juvenil.

1. O diálogo se amplia: da sinfonia à POLIFONIA

De Mary e Eliardo França, o casal privilegiado, ela escrevendo os textos e ele ilustrando-os, vamos comentar *Dia e noite* (Ática).

Como motivação, a leitura da capa já traz o eixo da construção do livro, assim como outros elementos estruturais básicos. O eixo seria a ambiguidade (a dominante, rever a primeira parte). Ambiguidade que começa pelo título: será noite, será dia? O azul do anoitecer invadindo o amanhecer. Lua e estrelas (até nos cabelos da menina), aureolando a garota iluminada pelo sol, saudado por ela de braços abertos.

Sol reduplicado na blusa vermelha, noite estrelada na jardineira (roupa) que veste a menina-protagonista. Azul-noite, vermelho-dia.

O livro inicia-se com a ambiguidade instalada! O verbal colocando "não sei se gosto mais do dia, não sei se gosto mais da noite": isolexia, isomorfia total, apenas complemento verbal, objeto indireto do dia, na primeira, da noite, na segunda, se opõem. Paralelas, as orações pronunciadas por narrador-

-com (ver Pouillon), foco narrativo em primeira pessoa, possibilitando ao leitor assumir a personagem, identificando-se com ela.

A menina tanto pode estar se deitando como se levantando de sua cama. A página dupla, a seguir, de fora a fora (sem moldura), deve ser lida em classe com o PG estimulando:

— O que veem?

Depois das variadas respostas, caso não tenha sido explicitado, insistir:

— Como corre a menina no cavalinho de pau? Por que o cabelo dela está esticado...? Quem já brincou de cavalinho de pau?

— O que sentem ao olharem a explosão de luz nas flores? Enfim, o diálogo "De dia, eu posso brincar", traduzido nessas imagens, o que lhes faz sentir? Reviver?

Dia e noite, de Mary França, com ilustrações de Eliardo França (Ática).

Nova página dupla: — O que veem, agora? Montanhas superpostas, estradas convidando a caminhos de aventura para terras distantes, desconhecidas!

Verbal: "Mas de noite, eu posso sonhar".

Mas, de noite, ah!...
de noite, eu posso sonhar.

Não sei se gosto mais do dia.
Não sei se gosto mais da noite.

Dia e noite, de Mary França, com ilustrações de Eliardo França (Ática).

Levar o leitor a interpretar o diálogo palavra-imagem. Caso necessário, perguntar:

— O que aconteceu com o cavalo do brinquedo diurno? Notaram a crina, o cabelo da menina?

— Isso mesmo, Professora de olhinho arregalado! A moldura está sangrada pelas nuvens, pela relva...

Mas por que a moldura? Procure responder, sem ler o que se segue. Pensamos que a moldura sempre presente neste livro, quando se trata do sonho da menina, remete à posição e ao estado do corpo humano quando dormindo: sonha-estático, deitado em cama (esteira, chão), sempre parado. O pensamento é que viaja, filtrando, reelaborando o vivido no real. A função da moldura, aqui, não é a mesma dos livros já analisados de Eva Furnari. Procure, portanto, buscar, indagar sobre a função da moldura.

Ali no final do livro, as páginas duplas que retratam o real, visão de ponta a ponta; as do sonho, emolduradas. Viva o dia do balanço... Reconhecer o que sentiu quem balançou alto, alto... o friozinho na barriga, a sensação de liberdade... o prazer de sentir-se acariciado pelo vento no rosto, ou voar como pássaros e borboletas!

"Mas de noite, eu posso sonhar." Permitir que falem à vontade sobre tudo o que sentem. Já não será difícil reconhecer as asas de borboletas e pássaros na menina voando... A moldura também sangrada pela paisagem e pelas asas da garota, delícia de paisagem!

De dia, eu posso ler

Na fofura da cama, o sol aquecendo pela janela... ela bem solta, de bruços, vendo uma oncinha-pintada na página...

O final em clímax, tanto no verbal quanto na imagem, na atmosfera transmitindo com intensidade a alegria de viver aventurando-se...

Mas, de noite, ah!
de noite, eu posso sonhar.
Não sei se gosto mais do dia.
Não sei se gosto mais da noite.

A ambiguidade reafirmada e demonstrada.

Céu estreladíssimo, sentimos o cintilar do pisca piscando ou lucilando delas... A garota galopando a onça. Os braços abertos para a vida, agora igualmente repartidos: um amparando-se e ligando-se à onça sonho azul e o outro agarrando o real.

A ambiguidade magicamente colocada em determinado ponto.

— Descobriu qual, PG? Pare, olhe, arregale o olho, descubra.

Continue, então, a leitura deste livro: os olhos da menina são estilizados; não são olhos reais de gente.

A onça tem olhos humanos, olhos de ver; lembrando e passando o grande truísmo, tão belamente dito por outro artista, o poeta Paul Valéry, aqui intertextualizado: "O homem aprende e apreende o mundo naquilo que vê; mas só vê aquilo que sonha!".

Portanto, vamos ampliar as ocasiões de sonho, fantasia, faz de conta das crianças... A fantasia, já escreveu Ortega y Gasset, é o hormônio da alma infantil...

O diálogo sensível do *Dia e noite* prolonga-se em outro livro, *A casa da Joaninha*, de Norma Freire, com ilustrações de Cláudio Zirotti (Berlendis & Vertecchia Editores).

A autora conseguiu, a partir do espaço, localizar o endereço da Joaninha, algo tão concreto e objetivo; criar um verbal sensível, poético, ampliado pelas ilustrações de beleza ímpar. Aquarelas, formas abertas, às vezes, mistas, impressionistas, ressoando acordes de Debussy ou recordando Dégas...

De Elvira Vigna, desenhos de Ana Raquel, o livro *A pontinha menorzinha do enfeitinho do fim do cabo de uma colherzinha de café* (Miguilim, 1983) tem verbal fluente. Narra a história de um filhote de pássaro, caído do ninho e adotado por uma colherzinha de café. O passarinho abrigou-se num sapato velho, furado, ao lado de uma embalagem vazia, com restos de iogurte etc. Então, temos uma página dupla, imensa mesa, visão de baixo para cima. O leitor avista parte de uma fralda dependurada em um dos cantos da mesa, cartas de baralho presas sob o tampo, teia de aranha e sua dona na ponta de seu fio, uma chupeta no puxador da gaveta semi aberta. Desta saem talheres, uma lata de aveia com ursinho azul, recostado nela.

Foi um dos primeiros livros a mostrar cenas a partir do olhar da criança, enfim, de sua ótica. Quantas vezes o adulto se esquece disso, ignora o tamanhinho dos pequenos!

Parando para refletir sobre tal fato, descobrimos quantas vezes incorremos nessa omissão. Veio, nessa ocasião, à nossa lembrança, um fato contado por uma prima, acontecido com um afilhado, hoje homem feito. Ela o relatou, ainda sob o impacto sofrido com a resposta de seu filho Patricinho. Certo domingo, fora com ele, com cerca de 6 anos de idade, à concorrida exposição do Masp, na Avenida Paulista, São Paulo. Uma multidão tivera a mesma idéia. Pegaram um elevador lotadíssimo, percorreram metade da exposição, espremidos entre mulheres e homens. Em dado momento, ela resolveu perguntar se o filho estava apreciando os quadros, enfim, o passeio. Perguntou:

— Filho, o que você está gostando mais de ver?

— Como posso gostar de ver, se só vejo bunda?

Ela caiu em si! Que espanto! Além da graça da resposta, da qual só deu boas gargalhadas mais tarde, sentiu-se atingida pela própria insensibilidade. Contou, divertida, mais tarde, rindo muito! Jamais esquecemos a lição. Certa feita, lendo em conjunto este livro de Ana Raquel, observei tratar-se de uma das raras exceções em que, na sua criação, levara em conta o olhar da criança. Um menino de determinada altura só alcança determinada angulação, como no caso anteriormente citado. Na multidão, ele se encontrara bundissimamente rodeado: um desbunde só para adultos, naturalmente.

A ilustração seguinte desce para o chão a cena recriada a partir dos pés da mesa. Desse momento até o final, as cenas sucessivas acontecem sempre no espaço-chão ladrilhado.

Passarinho, rodinhas de carro, chupeta, pirulito; o passarinho arrastando a fraldinha (objeto transacional = aquele escolhido pelo bebê para prolongar a presença afetiva, materna, paterna). O livro termina com o passarinho, bico quase encostado no redondo do enfeitinho da pontinha da colherzinha de café...

Haveria contato mais doce? O redondo remetendo ao bico do seio, a colherzinha tendo conquistado maternalmente o passarinho.

Não poderíamos deixar de mencionar, como altamente enriquecedora, a Coleção Caldeirão da Bruxa, de Sônia Junqueira, com ilustrações de Carlos Jorge (Formato). São quatro títulos, entre eles: *Será que estou virando monstro?* e *O que aconteceu no caldeirão da bruxa?* Também como exemplo de acerto, ludismo, muito humor, o estar no mundo em adequação do pré-leitor, leitor iniciante e leitor em processo na proposta de Nelly Novaes Coelho, citamos aqui as Coleções Do, Ré, Mi, Fá (Scipione), Fantasia (Moderna), Primeiras Estórias (FTD), Lagarta Pintada, (Ática), Estórias para Brincar (Vale Livros) e outras que constarão de citações ao longo do presente livro.

Em diálogo denso, texto e com ilustrações de Ciça Fittipaldi (Editora do Brasil), o livro *Cada ponto aumenta um conto,* no qual o ponto, o traço, a linha são verbalizados em exercício de criatividade pontuado com as imagens levando a voos, vertigens, descobertas. Aprendizado fascinante do ponto de partida, do ponto de fuga, da perspectiva; só mesmo exemplificando.

A PERSPECTIVA

Um ponto que avista também se arrisca a ir tão longe que não volta mais.
Lá no horizonte, outro nome ele aluga e volta com o nome do ponto de fuga.

ou PONTO DE CHEGADA

Quem saiu de algum lugar, em algum outro vai chegar?
E pode alguém ter chegado sem sair do lugar?
Pensamento é viagem parada, capaz de chegar além do ponto
de chegada.
Olha só, quem diria que isto é pura fantasia? Na chegada
encontro o ponto que eu pensava que fugia.
É um ponto qualquer que se queira, escolhido no meio da vida.
Pois não é que onde há vida, há sempre um ponto de partida?

Breves exemplos de aproveitamento do acervo popular

Passando para o aproveitamento de motivos populares, *A casa sonolenta* (Ática), de Audrey (texto) e Don Wood (ilustrador), tem como eixo de construção a lengalenga. Esta é a história de nunca-acabar, que reenvia sempre ao princípio, nascida das fórmulas mágicas dos ritos primordiais, portanto, tribais. A viga mestra de sua construção e a enumeração cumulativa, tão do agrado da criança!

A partir do mote:

Era uma vez
uma casa sonolenta
onde todos viviam dormindo

seguindo:

nessa casa tinha uma cama,
uma cama aconchegante
numa casa sonolenta etc.

Processa-se a acumulação: tinha uma avó, uma avó roncando... em cima dessa avó tinha um menino, um menino sonhando... depois um cachorro, um gato, um rato e a desencadeadora da transformação: uma pulga, acordada, que picará um por um causando a maior confusão no despertar de todos. Os saltos terminarão por arrebentar a cama:

Nessa casa sonolenta
onde ninguém mais estava dormindo...

O lúdico presentifica-se com a distribuição das personagens, e o delicioso, a pulguinha, a cada página pousada em lugar diferente, provocando a busca (como acontece na realidade quando se precisa pegar uma pulga que invadiu nossa privacidade). O leitor desavisado nem a percebe, realmente não a sente...

Técnica usada: guache branco sobre papel azul ou poderia ser lápis de cor, ou pastel com guache. Só tendo as artes finais em mãos para a determinação precisa.

A lengalenga, quase uma canção de embalo, dialoga com as cores suaves da casa e os moradores que dormitam... À medida que a ação acelera-se, os figurantes vão movimentando-se (também do lento para o rápido) e as cores do dia vão, com igual ritmo, invadindo o espaço até a explosão da cena final em cores, o amarelo-dourado iluminando os saltos; despertar de alegria, riso, confusão, vida. Depois, a casa acordada, engalanada com a parte de um arco-
-íris, enfeitada de flores, árvores frondosas, personagens felizes no jardim...

Rapunzel, dos irmãos Grimm, em adaptação do Grupo Germinal (coordenação de Júlio A. C. Campos). O clássico infantil apresenta-se em síntese verbal do essencial, exemplo:

Era uma vez um homem
e uma mulher.

A representação icônica do homem são bolinhas azuis, a da mulher, bolinhas vermelhas, simetricamente dispostas, cada uma em uma página. A falta do filho, portanto, na união do casal: mistura equitativa das bolinhas. A gravidez dela, em ícone: triângulo cujas linhas são a alternância em tamanho pequeno das bolinhas azuis e vermelhas.

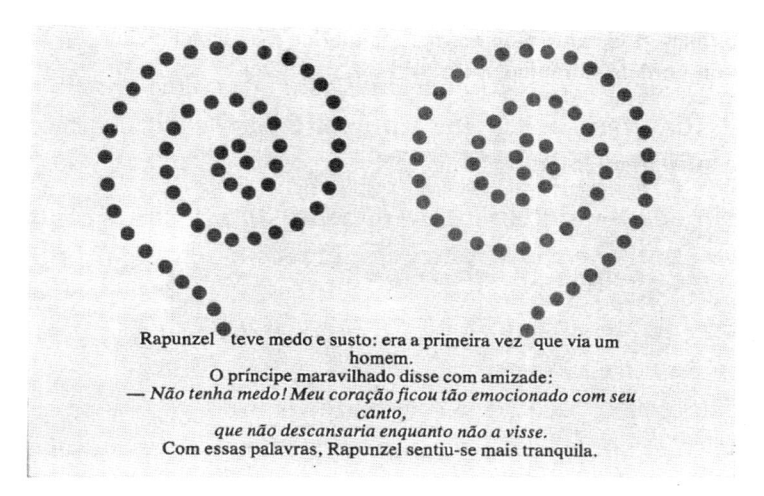

Rapunzel teve medo e susto: era a primeira vez que via um homem.
O príncipe maravilhado disse com amizade:
— *Não tenha medo! Meu coração ficou tão emocionado com seu canto,*
que não descansaria enquanto não a visse.
Com essas palavras, Rapunzel sentiu-se mais tranquila.

Rapunzel, dos Irmãos Grimm, em adaptação do Grupo Germinal, coordenação de Júlio A. C. Campos (Lavezzo).

Prossegue o verbal num crescendo: em quantidade de palavras, frases, extensão de período, em clímax de suspense e tensão; em complexidade de tipos gráficos: Garamond, em tamanho de letras, em negrito, em espessura etc.

No trio familiar, o desejo da mulher grávida faz o marido invadir a horta da bruxa. E, para livrar-se de seu castigo, cede à proposta dela: dar-lhe o filho que nascesse. A criança recebe da bruxa, que logo após o nascimento foi buscá-la, o nome de Rapunzel (o mesmo nome dos legumes, razão do desejo irrefreável da mãe). Aos 12 anos, Rapunzel era a mais bela menina da face da terra.

As cores representam iconicamente a ondulação dos cabelos. Então, a bruxa a encerra numa torre isolada no meio da floresta. A torre não tem porta nem janela. Para ver a menina, a bruxa ordena: jogue suas tranças.

A torre vem representada em espirais negras, em gradação, e laçadas em marrom, na horizontal. O caracol de bolinhas vermelhas anuncia a chegada de um príncipe, assim como o círculo espiralado de bolinhas vermelhas representa Rapunzel.

O verbal assume uma página inteira. O príncipe segue o canto dela e se encontram, pois o jovem imitou a fala da bruxa. Rapunzel atira as tranças.

O sim dela é representado por espirais com faixas em vermelho e azul (as bolinhas se fundiram). Ocupam a primeira página toda; a seguinte, em encontro afunilado, "mãos dentro das mãos dele".

Um deslize de Rapunzel revela a presença do príncipe. A bruxa enrola seus cabelos e corta-os, arrastando a jovem para o deserto. A bruxa engana o príncipe atirando-lhe as tranças, ele pula da torre, escapa com vida, mas os espinhos de roseira cegam-no. No seu vagar sem destino, acaba no deserto onde vivem Rapunzel e seus filhos gêmeos, um menino e uma menina. Ao vê-lo, emocionada, ela chora, e suas lágrimas produzem a cura nos olhos amados. As cores em faixas, às vezes em arco-íris, chegam ao final em duas largas ondulações de meia página em azul e vermelho, simbolizando a união duradoura e feliz. Na classificação de Nelly Novaes Coelho, trata-se de um conto de fadas, pois tem como eixo problemático a realização existencial (em geral, homem x mulher).

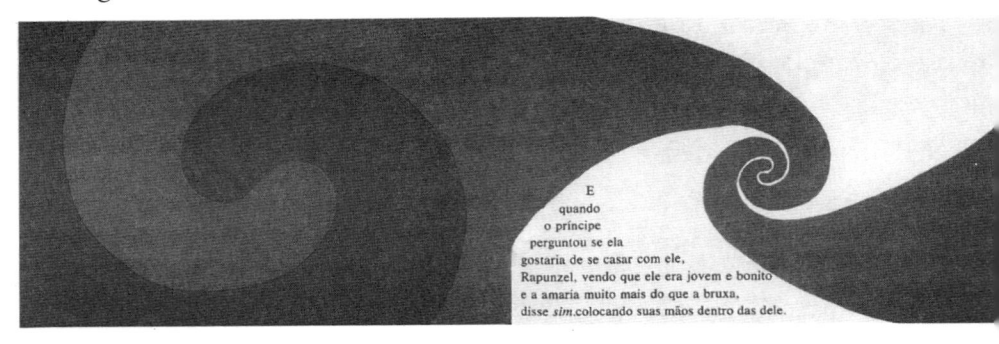

E quando o príncipe perguntou se ela gostaria de se casar com ele, Rapunzel, vendo que ele era jovem e bonito e a amaria muito mais do que a bruxa, disse *sim*.colocando suas mãos dentro das dele.

Rapunzel, dos Irmãos Grimm, em adaptação do Grupo Germinal, coordenação de Júlio A. C. Campos (Lavezzo).

Essa proposta opta pela não interferência de representação dos seres (humanos, animais, plantas) em desenhos, quando se trata de contos tradicionais populares.

Podemos citar ainda como "aproveitamento de motivos populares", o livro *Tem de tudo nesta rua*, de Marcelo Xavier (Formato). Voltaremos a comentar esta obra, pois, por sua estrutura, ele pertence a outro item. Seu registro aqui se justifica pelo fato de tematizar o pipoqueiro, o comprador de papel velho, o camelô, o vendedor de algodão-doce, o lambe-lambe, e tantos mais do acervo popular. Ainda da Formato, citamos *Maré amarelinha*, texto e ilustrações de Denise Rochael: a autora intertextualiza o poema de contagem, um dos jogos infantis de remota origem (tão fundamental para o aprendizado dos ritmos essenciais da vida como o respirar, o bater do coração, o andar); no caso, o jogo da amarelinha, por meio de aliterações, paronomásias como "maré-amarelinha-vermelho", sonoridade, cores, sinestesias acentuadas pelo colorido de cores e formas, impressionando nossos sentidos, fazendo arregalar o olho, abrir os ouvidos, pulsar a alma... A gente volta a ser menininha dando "cambalhota no ar, estrela de cinco pontas, quem sair, perde o lugar"... Diálogo total entre imagem e linguagem verbal, figuras visuais, sonoras, emolduradas por vinhetas que constituem o próprio imaginário infantil.

De Lúcia Pimentel Góes, desenhos de Cláudia Scatamacchia (Ática), *A maior boca do mundo*. História nascida da adivinha "Qual é a maior boca do mundo?", cuja resposta foi alongada por meio da enumeração cumulativa de animais, finalizando com toque poético. De Maria da Graça Rios, com ilustrações de Débora Camisasca, o *Chuva choveu* (Miguilim), no qual jogos como galinha do vizinho, estátua, amarelinha, pipa, lançar ioiô, pingue-pongue, cabra-cega são os motivos nucleares de poemas que rasgam visões, reflexões, admirações para pequenos e grandes. O clássico *Boi da cara preta*, de Sérgio Caparelli, com ilustrações de Caulos estampando, já no título, a cantiga embaladora. O balanço-embalo prossegue nos poemas "Pintando o sete", nas cantigas "Macaquinho sem-vergonha", "Vaca amarela", "Mulher barbada" etc., mediante trocadilhos, silogismos, sonoridades lúdicas, onomatopeias e demais recursos poéticos tão ao gosto da criança e das pessoas dotadas de leveza. Uma beleza!

De Tatiana Belinky, se fôssemos enumerar suas obras tematizando o folclore e o popular, terminaríamos por fazer uma lengalenga difícil de acabar... assim, citamos a história enumerativa cumulativa, com ilustrações de Michio Yamashita, *O caso do bolinho*, em que vô, vó, lebre, lobo e bolinho fazem uma corrida apetitosa, saborosa; o leitor fica com água na boca. Mas neste resgate lúdico de forma, quem leva a melhor, desde os tempos imemoriais através das fábulas, é a raposa... pobre bolinho! Fica o ensinamento um tanto amargo, porém essencial, de não sermos bolinhos na vida. De Glória Kirinus, com ilustrações de Mariangela Haddad, *O menino do mar* (Melhoramentos): desde o ancestral antepassado do telegrama, o bilhete na garrafa lançada ao mar, às cantigas "Sapo-cururu", "Rema, rema, remador", "Como pode um peixe vivo" etc.; ou ditados, jogos, canções, cantigas, brinquedos, brincadeiras parodiadas ou apropriadas com "felicidade" até o jargão da loucura de hoje — "engarrafamento é garrafal" — em trocadilho semântico/lúdico e satírico, em mistura de boa dose de poesia e humor.

Na linha do popular, não poderíamos deixar de citar a intertextualidade densa do policial em história e desenhos de Ângela Lago (Comunicação), *Uni, duni e tê*. Como unidades narrativas nominadas pela autora seguem: *Salamê minguê, O cravo e a rosa, O gato mudo, Na delegacia, Senhora viúva, Neste instante, O que se passava desta vez, Com quem quereis casar, Samba Lelê* (apelido do delegado, personagem-chave do livro), o próprio *Uni, duni e tê*, mais a personagem Terezinha de Jesus, dona Xica... Termina com: "É elementar", portanto, texto do congênere clássico policial de Conan Doyle, frase do detetive Sherlock Holmes...

Também deve ser registrada a série Folclore e Educação, com coordenação de Paulo de Carvalho Neto, da qual podemos citar *A garota Amália*, texto do próprio organizador, com ilustrações de Áurea Amaral, pontuando a narrativa, em um só tom marrom, com predomínio da forma casulo onde estão as ilustrações... ora, o casulo é um asilo, onde a mãe aprisionou a filha em tentativa de a reintroduzir no seu útero-casulo... Portanto, sensivelmente captada pela ilustradora a simbologia arquetípica da mãe-devoradora, castradora, que termina pela destruição de sua geração, filha e neta... *A garota Amália* baseia-se no conto folclórico *La niña amália,* colhido pelo autor Paulo de Carvalho Neto, em 1966, na costa equatoriana.

2. Contraponto verbal/imagem nas formas simples

O livro de Lúcia Pimentel Góes, com ilustrações de Daisy Startari, *Posso ir também?* (Scipione), inicia-se com a tradicional cantiga de ninar "Dorme nenê". O motivo central é a proteção dos animais. Para defender o bebê, eles partem em busca da Cuca que o ameaça. A cadeia de solidariedade dos animais vai progressiva e cumulativamente engrossando, formando uma ciranda de amor e afeto, transferindo para o pequeno leitor (bebês, mesmo) a segurança do regaço materno. Evidente que há uma leitura metafórica, pois a Cuca simboliza os perigos da vida, as ameaças, os obstáculos. Nada mais frágil do que uma criança perante o lado destrutivo do existir, assim como nada mais tranquilizador do que a presença dos pais, ou daqueles que os substituem, para os pequenos.

O diálogo de significação ou semântico que se estabelece é carregado de sentidos, adensando a pluralidade das linguagens: a quadra da cantiga emoldurada e iluminada por uma lua quase cheia ou nova, cortinas flutuando, descerradas para a noite lá fora... no canto da página esquerda, um bebê dorme o mais repousante dos sonos, no berço fofo, aconchegado pelo calor do cobertorzinho quadriculado, um pássaro amarelo em voo, um ursinho (símbolo de ternura) como vigia (anjo da guarda?). As cores da noite predominam.

Prosseguindo, as ilustrações de fora a fora, ou de página dupla, mostram a conversa-convite entre a galinha e o peru, a respeito da Cuca, o bode aproximando-se afirmativo: "Se a galinha e o peru podem, eu posso ir também" — daí o título *Posso ir também?*. Já o amarelo e o areia trazem a claridade de um amanhecer. A carreira acelera-se, número e adesão de novos bichos, claridade avançando, a longa fila em ciranda forma símbolo de braços que se arredondam em torno do filhinho, no colo materno/paterno, útero onde todos gostaríamos de poder descansar desde que viemos à luz. Ninguém é excluído, independentemente de suas características (em cadeia fraterna, não poderiam subsistir preconceitos, exclusões, rótulos ou etiquetas de qualquer espécie), portanto, são igualmente importantes o bode, o touro, o papagaio e o carrapato. A ciranda vai-se completando, as cores claras já atingem quase todo o espaço, a luz da lua diluída no azul mais claro do céu, até que cede lugar ao vermelho-amarelo vivo do nascer do sol. Ao lado dele, um pavão abre a cauda esplendorosa, simbolizando a festa do nascer de um novo dia, as sombras da noite empurradas para bem longe... Que Cuca poderia opor-se a tanto amor? Lúcia e Daisy trocaram ideias? Não foi preciso:

a sensibilidade da ilustradora leu as imagens verbais e ampliou-as em ressonâncias de sensibilidade e beleza. Ambas têm a certeza de que todo e qualquer leitor, mesmo o pequenino que ouve-vê a história no colo da mamãe, quanto qualquer professor o mais altamente colocado na leitura-arte, sabe como Freinet que a simplicidade emite cintilações de brilhantes:

> Minha longa experiência dos homens simples, das crianças e dos animais persuadiu-me de que as leis da vida são gerais, naturais e válidas para todos os seres.[1]

Sequenciando as "formas simples", anotamos aqui a Coleção Palavra Puxa Palavra, de Carlos Queiroz Telles, com ilustrações de Cláudio Atílio (Scipione). Os livros que a formam resgatam em recriação adivinhas, cantigas de roda, jogos infantis, fazendo o leitor participar, divertido, de suas propostas. Um exemplo é o livro *Tem bicho no parquinho*, no qual a adivinha tem a resposta, mais que colocada, sugerida por meio de outro motivo popular, quadrinhas, versos. Exemplificando:

> Com um ar desapontado torce
> a tromba o elefante,
> porque é muito pesado
> pra andar na _____ (roda-gigante).

As respostas vêm no final para serem recortadas e coladas no devido espaço. Os desenhos, páginas de fora a fora, estimulam por seu humor, pela expressividade dos traços fisionômicos, pelo movimento das cenas.

Da mestra Tatiana Belinky, mestra na arte de viver, mestra na crítica de arte, mestra artista, mestra adaptadora, mestra tradutora, enfim, mestra *arteira*, temos o resgate da fábula *Os quatro amigos*, com ilustrações de Heloísa Galvês (Paulinas). Sendo resgate ou apropriação de fábula e assinada por um escritor, recebe a denominação de "fábula erudita". Inicia-se a narrativa:

> Certo dia, no tempo
> em que os bichos falavam,

---

[1] FREINET, C. *Pedagogia do bom-senso*. São Paulo, Martins Fontes, 1973.

um homem, um gato, um
cachorro e um gavião
resolveram fazer amizade.

Juram ser um por todos e todos por um, comemorando o trato com um belo passeio pela floresta. Nisto farejam um urso, logo surgindo um espécime cinzento, enorme, e o mais feroz, como atestava sua cor. Urrava furioso por terem ousado invadir a clareira dele. "Pernas, para que te quero" foi a atitude do gato, do gavião, enquanto o homem, paralisado, via o urso aproximar-se. O cachorro de um salto avisava que ninguém mataria seu amigo. Tinha início a luta desigual e terrível. O cachorro ainda gritava para o amigo fugir. Recuperando os movimentos, ele põe-se a correr, porém pára ao ouvir o cricri do grilo, que vive bancando a consciência (lembra Tatiana, desde o caso com o Pinóquio), oportuna e bem-humorada intertextualização. Caindo em si, lança um pedregulho, acertando bem no olho da fera, que passa a esfregar o olho machucado. Enquanto o homem é lambido pelo cão, a quem chama de "meu herói canino", o urso, chateado, sentado no chão, reclama: "É... Mas se não fosse o intrometido do grilo-consciência, o homem,

Posso ir também?, de Lúcia Pimentel Góes, com ilustrações de Daisy Startari (Scipione).

igual aos outros, bem que ia mostrar que não era o melhor amigo do cachorro!".

Portanto, a moralidade, embora enunciada nesta oração final, fazendo parte da paródia com apropriação que Tatiana usou, só podia subverter a figura humana como rei da criação, que até não merece a fidelidade canina. Assim, esta fábula reapresentada utiliza leve carnavalização que a ilustradora também captou e que o PG deve saber ressaltar, mostrar, valorizar para seus alunos. Assim, estará ajudando o necessário "arregalar dos olhos" para tudo nestes dias... Pensam que é até melhor esbugalhar os olhos para não ingressar nos imensos cordões de puxa — tanta coisa não recomendável e, na maioria dos casos, não saudável... No livro, o homem quase engrossa o cordão dos covardes, dos egoístas, dos ingratos...

Esta narrativa visual é alegremente recriada pela arte de Heloísa Galvês, com figuras atraentes por sua expressividade, movimentação, uso feliz de cores, enquadramentos ágeis, comunicativos. A moldura destaca um momento de tensão narrativa, ou núcleo importante dos submotivos, fazendo com que a imagem acelere, adense a fluência da narrativa, ponteando sua emoção-tensão, em articulação bem ajustada como deve ser a que preside as linguagens do *objeto novo*.

A série Morená (Melhoramentos), com texto e ilustração de Ciça Fittipaldi, apresenta os mitos dos índios brasileiros em recriação fiel ao seu contar poético e mágico. Ciça Fittipaldi é uma das grandes ilustradoras, além de escritora, antropóloga, tendo vivido cerca de um ano entre os índios nambiquara. É defensora da luta das nações indígenas por seu direito à vida e à integridade de suas culturas. Os prêmios recebidos pela coleção vêm apenas consagrar oficialmente a excepcional realização, que a nosso ver é das melhores obras sobre cultura indígena. Temos todos os livros bipartidos em páginas em branco e preto, cujas ilustrações mostram objetos, vestimentas, animais, festas em absoluta referência ao real; e páginas em quatro cores em que o simbólico, tanto do verbal como da imagem, abre-se para o imaginário do leitor. Cada uma delas é uma festa de cores, na qual o leitor sensível capta o sagrado-mítico, a interpenetração do espiritual no natural, interpenetração essa que é característica do universo cultural do

Resolveram fazer do moço um voador, como eles.
Esfregaram leite de pau no seu corpo e começaram a grudar as penas.
Primeiro grudaram as pequenas, no peito e nas pernas.
Depois colocaram as grandes, no rabo e nas asas.
O índio emplumado sacudia tudo pra ver se caía alguma pena. Caiu uma.
Os pássaros ficaram apreensivos:
— Ôi, que esse rapaz não vai servir, não. Desse jeito vai ser
agarrado por Avatsiú.
Mesmo assim, começaram a treinar o rapaz. Voa daqui, cai lá. Voa de lá,
se esparrama aqui. Não dava certo, ele era muito ruim de voar.
Apesar de tudo, decidiram tentar.

A linguagem dos pássaros, de Ciça Fittipaldi (Melhoramentos).

índio. Ciça Fittipaldi procedeu à minuciosa e demorada pesquisa de cada nação indígena para não violentar o mundo de onde brota o mito indígena.

Exemplificando, tecemos breves comentários sobre o livro *A linguagem dos pássaros*, mito dos índios kamaiurá.

Recorte do verbal, que conserva a musicalidade da fala indígena pelo ritmo, próximo de sua oralidade:

> Os pássaros não tinham língua própria. Nem piu, nem fiu-fri-frió, nem tu-tu-
> -tunhó, nem bem-bem-te-vi, nem nada. Falavam que nem gente. Avatsiú estava
> com as línguas guardadas dentro dele. Avatsiú e seus parentes viviam matando
> passarinho à toa.

Sempre ao final do livro vem uma síntese histórico-cultural da nação que criou o mito. Kamaiurá é do grupo linguístico tupi, faz parte das nações que convivem no Parque Nacional do Xingu. Fica-se sabendo que o traço marcante da aldeia é uma grande gaiola cônica, onde vive a harpia, ave lendária de penas muito apreciadas. Outra característica é a "casa dos homens", abrigo das flautas jakuí e outros objetos rituais. Essa casa é proibida às mulheres, que não podem ver essas flautas. Para suas trocas, os kamaiurá realizam o *moitará*, cuja ilustração está na página 6. A festa *Kwarup*, homenagem aos mortos, aparece nos desenhos das páginas 2, 3 e 14. Kamaiurá é o povo do Morená, a terra de lenda, que no caso existe e é o local do encontro dos rios que formam o Xingu. A narrativa conta sobre um índio que, brigado com a mulher, saiu a caminhar. Encontrou os pássaros e aceitou o convite deles para conhecer sua aldeia e matar Avatsiú. Resolvem fazer dele um moço voador, como eles. A página colorida mostra a variedade de pássaros colando penas no moço, que acabará morto pelo inimigo. Os pássaros, então, atraem um menino, filho do índio morto. Para atraí-lo, elegem o araraurá, sangue-de-boi, bem vermelhinho. Depois a confusão das aves com falas inadequadas, trocando-as entre si, o menino voltando para casa com dois balaios cheinhos de penas. "Presente bonito, esse de passarinho. Era noite, as aves faziam sua linguagem."

Na página colorida, variedade belíssima de pássaros, com linhas curvas em branco, representando as falas sendo trocadas. Azul-real, azuis graduados, vermelhos, verdes, amarelos, matizes luminosos da terra brasileira...

Diálogo em cores de nosso trópico, do autêntico homem brasileiro, o legítimo habitante de nossas terras e matas. Diálogo colorido, musical, mítico, nascido de universo cultural fascinante.

Da Coleção Lua Cheia (FTD), destacamos, de Rogério Borges, os livros *Urutau é moça encantada* e *A mãe da gruta*. Neles, o autor recria, em contar de hoje, o heróico da experiência humana traduzido em lendas. Falaremos do segundo livro. Há um cuidado especial na produção editorial: papel cuchê, aquarela, canetinha, lápis de cor, portanto técnica mista criando paisagens, enquadramentos, molduras, sangramentos, vazamentos, em desenhos impactantes de humana beleza que arrebatam o leitor por sua impressividade. A gruta, sempre pontilhada de luz, brilhos... estes vão em escala crescente, extrapolando a água ou a noite estrelada para vestir e inundar de brilho a jovem mãe Maria, que sempre ia ao rio lavar a roupa. Sua riqueza, o pequenino filho, agora adoentado; o pai longe, pescando. Já ia alta a noite, quando passou pela grande gruta escura. Parou, pressentia aconteceres. Vaga-lumes surgindo, pontinhos de luz multiplicando-se e UH... numa nuvem de luz, Maria viu... "Era ela!..." Ajoelhada, fez o pedido. Ilustração de fora a fora, etérea, entre luzes e nuvens. Depois o cotidiano, a velha Sinhá, rosto marcado, o bebê

A linguagem dos pássaros, de Ciça Fittipaldi (Melhoramentos).

curado. Quadros do dia a dia, enquadrados, palavra dizendo, desenho sugerindo, dizendo o não dito. Em noite de lua cheia, sentia-se muito leve. O marido regressa, avisa Sinhá que vai deitar-se, e a velha pede que ponha a rede ao lado do fogão, pois em noites de lua cheia "Maria não é mais tua. Deixe-a só!".O espanto dele ouviu a lenda. Maria agora deslizava deitada nas águas do rio, somente a pele de seu corpo deixada lá na cama. Já na gruta, entre névoas e clarões, surge a Mãe da Gruta. A ilustração joga com prismas, recortes, diagramação dominando e adensando sentidos e significados... Surge o ícone da fada da lua, vinda de seu leito de pedras preciosas, acenando para Maria. A Mãe da Gruta voltou, então, para seu palácio de rocha. Em planos superpostos, os desenhos transmitem a imponência das rochas e do sublime. A alma de Maria ficara pertencente à Mãe da Gruta. Nas noites enluaradas, sua alma pertencia ao reino encantado, onde a fada pingava luz, transformada em rubis, esmeraldas, brilhantes. Fundo lilás, quadros de Maria e da Mãe da Gruta... dos desenhos brotam cantos, sonhos, mistérios...

A Mãe da Gruta, de Rogério Borges (FTD).

A Mãe da Gruta, de Rogério Borges (FTD).

3. Contraponto lúdico

Sabemos que a natureza dotou a criança de um método excepcional de aprendizado: "o brincar", que alimenta o seu imaginário por meio do *faz de conta* ou da ação-imitação mediante a qual ela cria, recria, libera energias muitas vezes reprimidas (e como o são nos dias que correm), prepara-se para enfrentar a si própria e aos outros, sociabiliza-se, amadurece no *desafiante jogo do viver*. Sabemos por Huizinga em seu *Homo Ludens*:

> O jogo é uma atividade ou ocupação voluntária, exercida dentro de certos e determinados limites de tempo e de espaço, segundo regras livremente consentidas, mas absolutamente obrigatórias, dotado de um fim em si mesmo, acompanhado de um sentimento de tensão e de alegria e de uma consciência de ser diferente da vida cotidiana.[2]

Tal conceituação, como entendida por Huizinga, parece compreender tudo aquilo que é chamado de jogo, o que acontece entre os animais, as crianças e os adultos: jogos de força e de destreza, jogos de sorte, de adivinhação, exibições de toda espécie. Para o autor, a "categoria jogo é suscetível de ser considerada um dos elementos espirituais básicos da vida..."

Quantos educadores ignoram essa verdade?

Voltamos a citar Huizinga[3] na enumeração das características do jogo. Diz ele:

> ... a primeira das características fundamentais do jogo: o fato de ser livre, de ser ele próprio liberdade. Uma segunda característica, intimamente ligada à primeira, é que o jogo não é vida "corrente" nem vida "real". Pelo contrário, trata-se de uma evasão da vida "real" para uma esfera temporária de atividade com orientação própria. Toda criança sabe perfeitamente quando está "só fazendo de conta" ou quando está "só brincando". A seguinte história, que me foi contada pelo pai de um menino, constitui um excelente exemplo de como essa consciência está profundamente enraizada no espírito das crianças. O pai foi encontrar seu filhinho de quatro anos brincando "de trenzinho" na frente de uma fila de cadeiras. Quando foi beijá-lo, disse-lhe o menino: "Não dê beijo na máquina, papai, senão os carros não vão acreditar que é de verdade".
>
> [...] Todo jogo é capaz, a qualquer momento, de absorver inteiramente o jogador. Nunca há um contraste bem nítido entre ele e a seriedade, sendo a inferioridade do jogo sempre reduzida pela superioridade de

2   HUIZINGA, J., *Homo ludens*, p. 33.
3   Idem, ibidem, p. 11.

sua seriedade. Ele se torna seriedade e a seriedade, jogo. É possível ao jogo alcançar extremos de beleza e de perfeição que ultrapassam em muito a seriedade.

Das características formais do jogo, é importante considerar que ele é desinteressado. Escapa, assim, do mecanismo de satisfação imediata das necessidades e desejos. Seu fim é autônomo, está em si mesmo. Portanto, conclui o autor: "É pelo menos assim que, em primeira instância, ele se nos apresenta", como um intervalo em nossa vida cotidiana.

Trocadilho

De Helena Armond, *Abro ou não abro?* (Melhoramentos), a construção da leitura acontece pela troca palavra verbal + palavra-imagem. A capa já atrai pelo corte que a separa em duas metades, portanto, para ser lido, o livro exige que se usem as duas mãos, ou os dois lados, o esquerdo e o direito, revelando que duas metades, unidas, formam uma terceira unidade: é o próprio jogo da vida...

Na primeira página le-se:

A

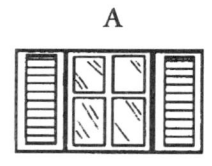

DA FRENTE

Vimos demonstrando que o leitor se constrói quando consegue atribuir significado à palavra interagindo com um contexto. Que jogo pode ser mais divertido e estimulante do que ler jogando ou ler brincando? O interessante, mas até um pouco triste, é que, quando oferecemos páginas desse livro para serem lidas nos nossos cursos de reciclagem para professores, muitos deles só conseguem ler: "a da frente"... simplesmente não enxergam a palavra- -imagem *janela*; conseguem ler apenas a palavra verbal. O não verbal, para eles, não existe. Assim aprenderam, assim transmitem para seus alunos. Seu olhar não capta o que está ali, mas aquilo a que foi condicionado. Ora, a criança lê o conjunto sem hesitar... mas esta capacidade, como outras, à medida que avança no seu aprendizado enquadrado que privilegia uma só e única forma de texto, vai embotando seu lado sensório, as suas cinco bocas, como escreveu Walter Ono no livro *Alma da imagem na palavra de seus criadores*. Os professores ficam no que o grande ilustrador definiu: "o resto é escolaridade"...

Vamos, PG, oferecer material variado, linguagens diversas convivendo lado a lado?

Na série Ping-Póing, de Eva Furnari (FTD), o corte separa duas largas metades do livro, em que duas unidades, somadas-acopladas, formam uma terceira... estrutura que chamaria de dominó, tão familiar às crianças, levando-as a descobertas engraçadas, analogias inusitadas, criatividade; não mesmices... mas inovações. Que adulto não saboreia o *Quem embaralha se atrapalha / Quem espia se arrepia / Quem cochicha o rabo espicha*?

Na série Você Troca?, de Eva Furnari (Moderna), que delícia de troca--troca! Com humor contagiante, a leitura acontece por meio dos sons, do ritmo, da fala do dia a dia e do trocadilho dos sentidos... Justamente o contexto produzindo confusões, analogias, piadas sonoras e visuais.

No livro *Não confunda* temos em coloridas e divertidas representações, trocadilhos em duas páginas:

Primeira = Não confunda (o desenho de um gorila superelegante retratado com detalhes que entram pela boca dos olhos e estalam na língua do gorila elegante);

Segunda = (com mochila chocante).

Ou: Não confunda velhota nariguda com gaivota bigoduda; ou ainda: Não confunda cabelo curto com camelo surdo...

De Ricardo Azevedo (Melhoramentos), os três livros da Coleção Céu da Boca. O autor e ilustrador conta que sua brincadeira pode acontecer, e sempre aconteceu em qualquer lugar, ou a qualquer hora. Explica, também, que os textos foram organizados seguindo uma ordem crescente de dificuldade, tendo por base os significados que a primeira leitura nem sempre revela. Títulos: *Parte sempre a mesma parte / Às vezes me sinto sem cinto / Amar enquanto há mar / Ela nada no nada / Eu invento no vento*. Os livros apresentam um trocadilho por página, o desenho enquadrado, com sangramentos, brincadeiras. O leitor, mesmo bem pequeno, percebe diante da imagem a troca do sentido causada, às vezes, pela troca de uma única letra: como a capa do *Às vezes me sinto sem cinto*... O desenho mostra um homem, algo assustado, cabelo em pé, pois a calça está caída nas pernas, acima dos pés. Quem não ri do grito do anão, de mãos à cintura: "O anão gritou: Ah, não!".

Em Ana Maria Machado e Gian Calvi (Melhoramentos), o trocadilho se amplia já dentro da configuração *objeto novo*, pois, começando pela capa, a troca está presente no verbal, na imagem, nas molduras, no jogo branco e preto alternando com as quatro cores dos desenhos, em sintagmas (expressões) exploradores da paronomásia. Então, na capa 1e-se: *Um avião e uma viola*. O professor deve provocar as associações pedindo que o aluno as faça. Exemplo:

PG – Se ligarmos um com a de avião, o que acontece?

A – Fica uma.

PG – E o que sobra?

A – Fica vião — quase o viola, professora.

PG – O que mais estão vendo?

A – Ele está tocando viola no avião.

PG – Só isso está acontecendo no desenho?

A – Nossa, professora, tem um mundão de coisas: o casal de tamanduás está dançando...

Enfim, só na capa há todo um mundo para ser lido: as notas saindo do arco que toca a viola (viola, não violão); bandeirolas lembrando festa; o violeiro sentado com chapéu de cangaceiro; a paisagem; outros personagens... Texto rico, plurissignificativo, palavra gorda!

Na folha de rosto, o violeiro voa, literalmente, na viola, já de asas, remetendo metaforicamente para os voos-viagens que podem ser feitos a partir das leituras de cada um — desde que tenha olho arregalado. O livro prossegue em trocadilho, bem-humorado, denso, tipo: um alambique/e uma lambisgoia... Que lambisgoia! Só vendo para crer... / um matagal / e uma tagarela... neste seu matagal é denso de bocas.

As molduras oferecem decifração à parte, com mato enroscando-se nelas, ou o engolidor de fogo queimando-a com sua labareda, e tantos outros detalhes-achados inteligentes e sugestivos.

De Lúcia Pimentel Góes, *Falando pelos cotovelos* (Moderna). A capa e os desenhos de Osnei ampliam as brincadeiras com as expressões de nossa linguagem coloquial, isto é, com o "modo de dizer". O jogo do "pé-da--letra", com seu sentido figurado, é prolongado pelos leitores de qualquer idade... as crianças embarcam na brincadeira fazendo deste livro um companheiro de todas as horas. Suas recriações são altamente inventivas e suas risadas, imensamente gratificantes para os criadores deste livro.

Concluímos "bem que há muito já tinhamos reparado na cabecinha deles..." Pena que nem todos os educadores reparem e confiem só na própria cabeça, muitas vezes lotada de velhos preconceitos emaranhados em teias de aranha; outras vezes, porque temem mudar seus métodos. Mudança implica muita coragem, rupturas, mas como o *novo* recompensa! É como ir a uma festa com o vestido novo... ou é sentir-se Cinderela indo ao baile...

A troca pode, também, acontecer no âmbito da efabulação (eta palavrão!), que significa apenas o modo como o autor monta a sua história. Portanto, em *Tá vendo uma velhota de óculos, chinelo e vestido azul de bolinha branca, no portão daquela casa?*, de Ricardo Azevedo (FTD), o autor joga com três motivos. Estes serão deslocados, além de ter seu sentido alterado, dependendo do clima, atmosfera, pistas falsas, que o autor vai modificando. Poderíamos dizer que são três histórias, de três velhinhas diferentes, até a revolução final...

Serão mesmo três, ou não?

4. Motivos recorrentes

a) pra mim ela é uma escritora...

b) quem passar em frente de sua casa vai enxergar uma luzinha brilhando...

c) no fim da tarde, lá está ela esperando pelo marido... os dois vão dar uma voltinha e depois sentar na praça para sentir a noite chegar.

Segunda história: essa velhota, não sei, não / fico cismado com aquela luzinha no banheiro / muitos elementos de mistério, terror... / agora, está no portão esperando alguém para sair. Por que todo dia, no fim da tarde, eles têm que ir até a pracinha, eu não sei. Coisa boa é que não deve ser...

Terceira: Procurem no livro, não vamos dar todo o ouro, não.

Os desenhos acompanham as mudanças, e é outro estimulante percurso notar e anotar quais são...

Não poderíamos deixar de falar do trocadilho nos poemas, como acontece em *Sapos inventores*, no livro de Sérgio Caparelli, *Boi da cara preta* (LP&M).

> Eu sou o sapo Inácio,
> inventor do saponáceo.
>
> Sou a sapa Tuca,
> inventei a sapituca.

Fica claro que o pequeno leitor, habituado a variadas leituras, inclusive tendo percorrido a trilha do trocadilho (notem nosso trocadilho aliterante), não terá a menor dificuldade em registrar a estrutura da obra, para ele já familiar... Ah, se os leitores pudessem ter essa oportunidade de leitura diversificada, bem motivada e guiada por professores-guias preparados e que se preparam sempre para dar suas aulas...

O livro é ilustrado por Caulos. A página ao lado dos poemas recria, em duas cores, representações sensíveis, imaginativas a partir deles. Merece aplausos a capa: belíssima; o clima da cantiga popular "Boi da cara preta" fala da noite por seu azul matizado... pelo chifre metaforizado em lua minguante, pelo boi de expressão sonhadora, tendo num dos olhos uma estrela brilhante. Um boi poeta dos mais fofos, a mascar uma flor rosa... paráfrase do famoso, mas hoje esquecido, Touro Ferdinando. Em muitos outros poemas, o trocadilho se faz presente, não tivesse a poesia nascido enquanto jogo — jogo sagrado nos rituais primordiais, mas jogo.

Capítulo IV

A NARRATIVA EM CONSTRUÇÃO OU A ORQUESTRAÇÃO DE LINGUAGENS

1. Semionarrativa

Décio Pignatari[1] explica:

> A multiplicação e a multiplicidade de códigos e linguagens cria uma nova consciência de linguagem, obrigando a contínuos cotejos entre eles, a contínuas operações intersemióticas e, portanto, a uma visada metalinguística mesmo no ato criativo — ou melhor, principalmente nele, mediante processos de metalinguagem analógica, processos internos ao ato criador. Esses, por sua vez, conduzem a natureza do signo — algo que substitui algo, para alguém, em certa medida e para certos efeitos, numa das definições de Peirce — criando, portanto, uma natureza e uma realidade paralelas, porém descoladas, da "realidade" e da "natureza" e que constituem a história, propriamente — o ambiente tempórico-espacial propriamente humano que o homem vai tecendo com, mediante, através e na linguagem.
>
> Instala-se também, por aí, a crise da lógica tradicional, aristotélica, com a simultânea aparição de novas lógicas, novas geometrias, novas matemáticas, novas físicas, novas artes, novas relações sociais — de Hegel e Poe a Marx e Mallarme, a Peirce e Pound, a Machado de Assis, Freud e Fernando Pessoa.

De Luís Camargo, *O cata-vento e o ventilador* tem texto e ilustrações que se constituem em *objeto novo*, inovando e utilizando recursos e linguagens variados. Já na ilustração vem a indicação: escreveu e desenhou com lápis de cor, aquarela, nanquim, guache, goiva, buril, escova de dentes, vela, agulha e carretilha de costura. Livro de poemas que se abre com o "Em família", no qual se conta que as nuvens aprendem tudo em casa, principalmente como

---

[1] Pignatari, D. *Semiótica & literatura*, p. 85.

se faz chuva. "Papai-nuvem ensina como se faz a chuva *daquelas bem fortes.*" Este sintagma vem em maiúscula, do tipo grande, em negrito, representando portanto, com o tamanho das letras e o negrito, a força/potência do papai; já os versos vêm em dístico (dois):

Mamãe-nuvem faz assim:
Ca ^{ta} trá - Ca ^{tata} tará!

Continua o negrito, o deslocamento espacial das letras remetendo ao aspecto das nuvens, que varia tanto, podendo lembrar os cúmulo, nimbo, entre outras. O poema volta a referir-se ao papai, em paralelismo com o modo de fazer de mamãe:

CA^{TA}TRÃO! - CA^{TATA}TRÃO !

O paralelismo acentua para o pequeno leitor a diferença de força evidenciada em maiúscula as letras do papai, enquanto, nos versos da mamãe, só o primeiro som utiliza a maiúscula. Prossegue o poema:

E o filhinho-nuvem faz assim:

Ca^{ta}trim –
     – ca^{tata}trim
        e
        cai
         um
       pinguinho.

As palavras que se seguem, uma em cada linha, vão diminuindo de tamanho em escala progressiva, terminando com onomatopeias do barulho do pingo (pim): pequenininho/ assim/ que/ faz/ pim/pilim/ pimpim!.......... e estas reticências prolongadas terminam com pequeno pingo d'água personificado. As nuvens estão desenhadas em tons de azul no alto da página:

o papai com farto bigode, mamãe com olhar e expressão alegres e o filhinho com sua chupeta. São desenhadas as linhas de chuva, em azul, ocupando todo o espaço, o amarelo referenciando relâmpagos.

Extremamente sensorial, provocando percepções de natureza visual, sonora, tátil, quase sentimos os pingos da chuva em nossa pele. O apelo sensorial é uma das características da poesia infantil, em nosso levantamento dessas características no seu caráter de especificidade dirigida ao público infantil/juvenil. A retomada do sensorial é das mais adequadas quando o receptor é a criança ou o jovem. Na poesia, em geral, estará presente de modo diferenciado.

Aconselhamos o PG a ler o poema com a correspondente inflexão de voz e sonoridade.

O poema "As três irmãs" explora a aliteração que se desencadeia a partir de seus nomes Lúcia, Luísa e Luzia. Em "As três tias", as linguagens dialogam co o negrito, a maiúscula e o tipo de letra barroco, ou rebuscado, do "Emperiquitada". Espaço e negrito em gradação já exigem o olhar atento para tais registros. O poema "Imprevisto" utiliza o espaço, a posição das letras, ora inclinadas, ora em tipos diversos, iconizando o arrebentar da ponte pelo rato atendendo ao desafio da capivara. O título "Imprevisto" já vem grafado com esse deslocamento.

Em "O canto do Alexandre", além da alternância dos tamanhos e tipos grafotipográficos, Luís Camargo jogou com o código da "Carta enigmática", provocando e deflagrando associações e percepções em seu leitor. Basta ler--vendo a primeira parte do poema.

Citaremos apenas mais um poema, deixando os demais para a gratificante fruição da leitura do livro. O poema "Escova de dente" tematiza o deslizar de uma escova de dentes num vidro de tinta que sai escorregando pela folha de papel... Mas, em achado muitíssimo feliz, o autor remata o poema com o verso sinestésico em negrito e em monóstico (estrofe de um único verso) "ô gostosura!" O poema ocupa página dupla, o azul da tinta deslizado, esfregado, salpicado, escovado, prensado, remetendo para a delícia que sentiu a escova de dentes e o dono da escova de dentes, estranhando seu uso, remetendo para o libertário, para o uso fora do comum, para a ruptura da rigidez dos "usos e costumes"...

O CANTO DO ALEXANDRE

Alexandre cantou
SOL!

Alexandre cantou

Mas o ⊙ não apareceu.

Quem apareceu foi o ⊙ gritando

com cara de dono do mundo:
— NÃO PODE CANTAR AQUI!

Alexandre pulou
em cima
do

e perguntou:

De Luís Camargo, *O cata-vento e o ventilador* (FTD).

Sugerimos ao PG que, depois da troca de sensações detonadas pela fruição gostosa do poema, peça, por meio de um bilhetinho, a escovinha de dentes do aluno, em recado para as mamães. Certamente, ela estará contando com utilíssima aula sobre higiene bucal. Você, PG, tem providenciado vários vidros de tintas de todas as cores, e outras que ainda nem inventadas foram... Então, em entusiasmada atividade no pátio — preparo de tinta —, com o papel que estiver mais disponível, os alunos deslizarão divertida e intensamente pelas folhas de papel.

— Será que a Direção concordará? PG, não é você um inovador, um guerreiro? Cadê seu poder de convencimento?

— Aah!!! Não se esqueça do segundo bilhete para as mamães: — Favor comprar outra escova de dentes para seu filhinho. A que foi enviada passou a ser material de uso artístico da classe.

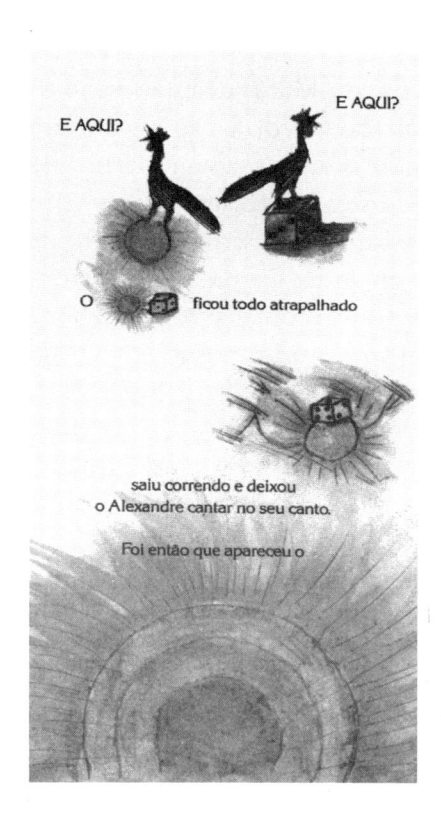

De Luís Camargo, *O cata-vento e o ventilador* (FTD).

De Tatiana Belinky e Mira Perlov, com ilustrações de Cláudia Scatamacchia, os notáveis *Di-versos russos* e *Di-versos hebraicos* (Scipione). Comentaremos um pouco este último. A começar pelo título, trocadilho triplo, pois se pode entender que se trata de histórias diferentes, diversas, ou que se trata de poesia, portanto, texto em versos, ou ainda histórias divertidas. O hebraico, que só era usado para ler e estudar os livros sagrados, com o renascimento de Israel foi recuperado.

A língua falada pelos judeus da Europa é o iídiche. Depois da Segunda Guerra Mundial, ficou instituído pela ONU o Estado de Israel. Escritores começaram a escrever para crianças em hebraico moderno e atualizado. Neste livro, quinze poemas foram traduzidos por Tatiana Belinky para as crianças brasileiras.

A cada novo autor, a apresentação é feita com molduras decorativas lembrando a *art déco* com motivos diversos. Por exemplo, a página 26, em floreios permeados por outras figuras, unindo o antigo ao moderno. As páginas 34 e 35 são impactantes, de grande força expressiva. Frisas com desenhos florais, tipicamente orientais, e na página 35 temos a figura de um velho tocando um instrumento típico, as vestes listradas de preto e branco, mangas negras, túnica branca destacando-se contra o fundo azul da Prússia. A técnica é a da aquarela, em detalhismo, com riqueza de textura, formas, cor. O poema "Dani", de Miriam Yallan-Shteklis (1900-1984), atingiu tão grande popularidade que se transformou numa das mais populares canções infantis de Israel, com música composta especialmente para ele. À página 8, como retrato, vemos Dani, o Valente, menino de rasgados olhos azuis; de um deles desce uma lágrima. Sua figura está emoldurada por fita que o entrelaça com os versos da página ao lado. Na base da moldura, uma flor azul vem em destaque. Há profunda simbiose entre o azul dos olhos, da flor, da lágrima e da chuva que ocupa o espaço fora da moldura. O poema inicia-se:

> Mamãe me disse: — Meu filho Dani
> é esperto e é ajuizado.
> Meu filho é valente, não chora
> como um bebezinho mimado.
>
> Eu nunca choro, sou bravo
> e os valentes não choram.
> Então por que, mãe, por que
> essas lágrimas choram sozinhas?

A afirmação materna levada a sério provoca a pergunta angustiada: "Por que, mãe, essas lágrimas choram sozinhas?". O eu se interroga, perplexo, pois a realidade contradiz a verdade materna. Ele sabe-se bravo, valente, mas chora. Começa a aprender o que é a vida, suas dores-obstáculos derrotando nossa valentia. Ele descreve os fatos, a flor que deu a Núrit, flor pequena, azul, bonitinha; depois lhe deu sua maçã; depois o categórico: dei-lhe tudo que tinha. E o resultado tão esmagador: Núrit comeu a maçã, jogou no pátio a florzinha, e foi brincar com um menino, um só, o outro, da casa vizinha.

Di-versos hebraicos, de Tatiana Belinky e Mira Perlov, com ilustrações de Cláudia Scatamacchia (Scipione).

A gradação de sua entrega paralela ao desprezo da amada. A transposição simbólica metonímico-metafórica, do azul da flor, para o azulado das lágrimas, chorando sozinhas, as gotas de chuva caindo.

Lágrima	X	Chuva
Salgado	X	Doce
Acri-amargo	X	Doçura
DA DOR	X	DO AMOR

Retrato emoldurado, os elos entrelaçados dos fatos da vida, a valentia sendo verdade. A mãe sendo verdadeira. Não fosse ele valente, quem choraria seria ele, as lágrimas não chorariam sós...

A moldura é ultrapassada, vazada pela figura de Dani, solidéu, mãos. No canto direito, a maçã comida, a fita descendo do cabinho da fruta. A haste verde da flor enroscada na moldura-fita... O diálogo harmonioso, a troca abrindo para leituras várias entre linguagens verbais e não verbais, vai em variedade de beleza, realmente singular. Livro maior de poetas de Israel no encontro das poetisas brasileiras Tatiana e Cláudia.

Histórias em hai-kai, de Maria José Palo, desenhos de Kris Palo. No dizer de suas criadoras, apresenta-se como literatura para crianças na qual as histórias estão "encapsuladas em imagens, sem marcar o limite prosa-poesia: a palavra e a imagem plástica aglutinam, imagem em imagem, procurando a síntese da forma primeira de um objeto visível".

A proposta do livro inclui-se nesta classificação como *objeto novo.* Maria José é pesquisadora da imagem e Kris Palo, artista plástica; compõem duas metades perfeitas de um todo inovador, instigante, desafiante, provocador de leituras múltiplas e plurissêmicas. Portanto, passando a palavra às autoras:

> Cada poema Hai-Kai é o instante de um sentimento original que induz o leitor a perceber objetos sempre em conjunto, narrando-lhes muitas histórias: de cores, de formas, de sabores, de olhares, de lembranças e fatos imaginados. A noção do tempo narrativo só se apresenta no momento de uma ação imprevista na composição do Hai-Kai — esse é o instante poético que necessita de uma síntese entre o saber e o fazer da imagem: uma experiência criativa.

Em *A tartaruga*, de Luiz Gouvêa de Paula (FTD), com ilustrações de Ciça Fittipaldi, temos uma leitura que exige do leitor assumir-se, como o conceitua Bellemin-Noel: "O leitor é o co produtor do texto, na medida em que reúne uma série de efeitos de sentido".[2] Porém, os efeitos de sentido podem ser reunidos por se tratar uma semionarrativa, senão vejamos:

– verbal que se inscreve no limite prosa-poesia.

– estrato fônico (cuja leitura poderá acelerar-se acompanhando o nível semântico, mas principalmente lúdico deste poema-narrativo).

– as figuras/tropos, tanto verbais quanto visuais, intensificam dramaticamente a luta da tartaruga, primeiro para conseguir a própria sobrevivência e seu prolongamento nos futuros filhotes-tartaruguinhas, intensamente cobiçados por predadores vorazes. A aventura-risco tem início quando ela se afasta da água e arrasta-se pela areia para botar.

– Forte paralelismo entre o esforço de "botar" e o esforço para o jogo do pingue-pongue. Paralelismo entre ovos/bolas; entre buraco/caçapa; entre o ritmo frenético do auge em botar e do desejo de resistir aos adversários.

– Recorrendo ao texto:

> Seu trator de esteira
> se afasta da beira
> vai levar pra feira
> a carga pesada do mocó.

Trator de esteira — momento do PG trazer à tona a evocação do texto-vida visto, da máquina sulcando a terra em analogia do arrastar da tartaruga lentamente, atentamente, pela areia do Araguaia... Cores, formas, linguagem grafotipográfica, disposição geométrica, tautologia da contagem numérica...

[2] BELLEMIN, N. *Le texte et l'avant-text*. In: REIS, C., p. 54.

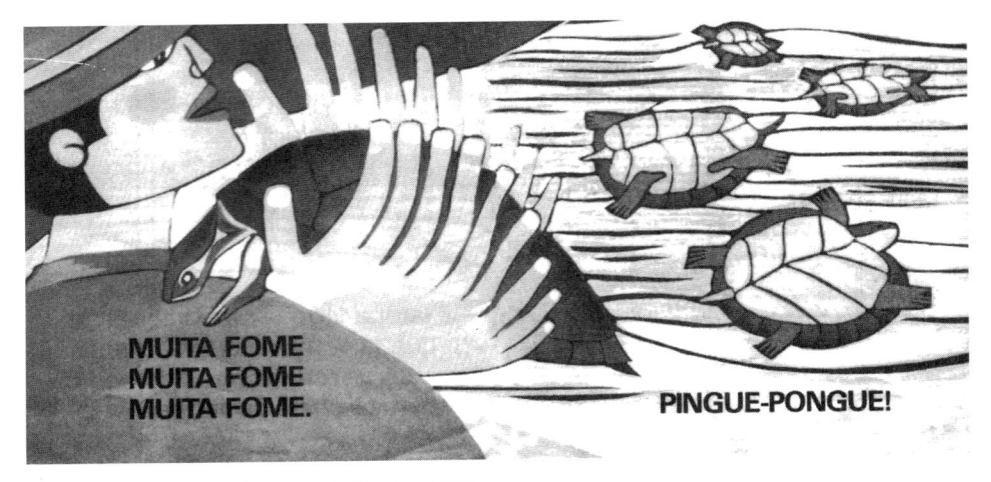

A tartaruga, de Luiz Gouvêa de Paula, 1989.

Exemplo:

> O quarenta
> fica perto do cinquenta
> ele aguenta
> bota mais
> e nem se esquenta
> vem sessenta
> vem setenta
> vem oitenta
> vem noventa
> PINGUE-PONGUE!

A leitura deve acompanhar o ritmo de um jogo de pingue-pongue para que a analogia seja lida e sentida pelo próprio leitor, ou leitores, se o PG quiser fazê-lo para sua classe.

Ao atingir a soma de *uma centena*, a linguagem grafotipográfica virá em contraste com a página ao lado, em maiúscula, sobre o desenho de fora a

fora em fundo amarelo e o branco de inúmeras bolas-ovos brancas de pingue-
-pongue. Impressividade, arte, associações, memórias, criações sensivelmente
detonadas. Acontece uma gradação crescente dos predadores: carcará < dona
raposa < bicho-homem! Este com mãos de muitos dedos, dez em cada mão,
como barras / prisão consumidora / cruéis / sem escapatória e as carcaças de
costas das tartaruguinhas devoradas pela

MUITA FOME

MUITA FOME

MUITA FOME.

PINGUE-PONGUE!

Assim termina este livro-denúncia da voracidade, da capacidade do bicho-
-homem, alargando-se de metáfora para alegoria. Ambas não só em plano
individual, de cada ser humano, como também para o percurso das origens
à atualidade da civilização como *ferae bestiae*.

De Ronald Claver, *O jardim dos animais*, com ilustrações de Ana Raquel
(FTD), temos plurissemia em horizontes que se abrem em sonhos, em
fantástico, em *inimaginagens* em apropriação de neologismo criado por
Ricardo Azevedo e que nos parece "cair como luva" para este jardim...

Começa o poema:

> Os bichos que habitam minha cabeça
> são de um ilógico jardim.

A ilogicidade do jardim é sugerida pelos verde / amarelo / azul / violeta /
rosa / fúcsias / carmim / luminescências de cores luzes anaraquenianas... O
leitor vira a página e mergulha no assombro do hipopótamo azul navegando/
flutuando em profundezas negras-azuis-douradas contrapostas com o zebrado/
tigrado de Picasso + cubismo + dueto verbal/imagem de arte maior:

> A zebra antecipa Picasso
> e inventa o cubismo.
> Desfila nas savanas imaginárias de *blanche et noir*.

O jardim dos animais, de Ronald Claver, com ilustrações de Ana Raquel (FDT).

Técnicas mistas e múltiplas, semiose: colagens, pintura sobre tecidos, texturas, metal, cerâmicas fotografadas, selos carimbados, vazamentos, recortes de pautas musicais, recortes, espaços sígnicos, objetos sonoros enumerativos, pulsantes, irradiantes como *performance* de raio *laser*. Essa é nossa leitura dos fios de luz-cor das páginas finais, cujo verbal aqui transcrevemos:

> Os bichos que habitam minha cabeça convocam
> as savanas,
> as américas,
> as amazônias,
> os pantanais,
> oceanias,
> europas,
> ásias, áfricas, rios
> para reivindicarem uma carta de alforria.

Abro portas e portões e vejo:
    capivaras correndo em Mato Grosso,
    ariranhas dançando nos pantanais,
    tucanos voando no São Francisco
    e o homem –
o mais sanguinário dos animais –
    recolhendo suas balas de prata,
    suas redes de medo, seus fuzis de espanto,
    suas armadilhas de incêndios.
E os depositamos no museu do esquecimento.

E na página seguinte:

E planto, e planto, e planto neste jardim:
gerânios, jasmins, ipês, margaridas, sempre-vivas,
    magnólias, orquídeas
    e a palavra esperança.

De Ziraldo, *O menino quadradinho* (Melhoramentos). Neste livro, o mestre criador Ziraldo historia, por assim dizer, em gradação, a narratividade em semionarrativa. Principia o livro com ícones (representações diretas das coisas/signo = tudo que significa) para, por meio de sua utilização como índices ou indicadores do menino, mostrar o personagem central da estória que surgirá ao virar da página.

A diagramação escolheu o enquadramento em quadros (retângulos ou quadrinhos) de tamanhos diversos. O primeiro traz, em balão, a fórmula introdutória do *contar popular*: "Era uma vez..." em meio a um fundo azul com nuvens brancas — céu, infinito, leveza, liberdade e um pássaro, simbolizando o voo, deflagrando viagens. No segundo quadro, uma pipa colorida, com rabo em argolas, que nós, meninos e meninas de ontem e de sempre, tivemos e teremos a euforia de armar e depois *soltar*!!!

Terceiro quadro, um cãozinho... infelizes aqueles que não puderam conviver com o mais fiel companheiro do homem. Em seguida, uma bola de futebol (modelo oficial), um *skate*, um tênis que, por suas características, evidencia a intensa utilização por seu dono.

O menino quadradinho, de Ziraldo, (Melhoramentos).

Na segunda e terceira páginas, de fora a fora, prossegue o enquadramento configurando no todo, espaço, campo, mato, caminhos, relva, flores, um pássaro pousado no joelho do *menino* sentado, ocupando toda a paginação. No quadro-joelho do garoto, no qual pousa o passarinho, um balão com o complemento da frase: ... *Um menino!*

Prossegue a narrativa contando que o menino morava dentro de uma história em quadrinhos, portanto chamava-se "Menino quadradinho". A página dupla, em perspectiva que passa fortemente a profundidade, mostra o garoto em situações diversas, em desenhos no estilo do quadrinista Moebius. Assim é inter e intratextualizado um consagrado autor de quadrinhos. Prossegue a metalinguagem, a linguagem falando de si mesma, em agilíssimo diálogo da personagem consigo mesma: Preso? Como? E nas demonstrações o Menino usa as cores, o pontilhado, os fotolitos, depois as onomatopeias, linguagem convencional dos "quadrinhos", passando pelos universais personagens do gênero, como Super--homem, a Turma do Pererê, do Ziraldo, o Homem-aranha, Batman. O leitor entra, pelo mundo das naves espaciais, da ficção científica, no personagem *menino* nas diversas criações do autor — como, por exemplo, o Menino Maluquinho, paixão geral. Então, o Menino se vê diante de vastidões, contemplando o poente, o sol se pondo vermelho no escuro da noite que se avulta, para depois se fascinar com o mistério de uma lua cheia, ou da noite estrelada, com o amanhecer... ele, menino, em sua cama, sonhando, despertando. Cones bruscos, espaços em branco, também enquadrados... a exclamação **OH!** Destacada em negrito e maiúscula, do tipo grande, a janela em cones que a comprimem e, então, a palavra ocupa todo o espaço.

Palavra em que a linguagem grafotipográfica em vazado, em tipos enormes, vazios, cheios, em gradação decrescente, vai pelo sentido, pela reiteração do ponto de interrogação, da pergunta: Onde estou? seguida de outras como: Onde vim parar? Onde estão as cores desses gritos? Onde estão meus sustos e meus balões? A metalinguagem adensa a palavra, seu uso, suas chaves, seu reino, suas funções, como estado de dicionário, até a sua decomposição sígnica, belíssima: "pá-lavra"...

> Pegue a palavra, lavra ; pegue a palavra, pá!
> Pelo tom, o menino sentiu que estavam entregando
> a ele uma coisa de muito valor: [...]
> Assim: lavra e pá. A primeira é ouro, é pedra preciosa,
> é mina: lavra. A segunda é o instrumento, a ferramenta: pá.
> A palavra é, pois, mina e ferramenta ao mesmo tempo, palavra!

O autor prosseguirá a metalinguagem, indo desde as aliterações (tudo era novo, nave, névoa, nó, novidade) até a horizontalidade das linhas, pontos, espaços, sons etc., categorias das palavras, personagens de quadrinhos e da literatura universal — como Dom Quixote —, figuras, como a metáfora "saiu correndo por dentro daquele cafezal preto e branco".

Até que: "O menino ficou por ali, sem qualquer sensação parecida com ficar, sem qualquer sensação parecida com partir. Só o movimento circular de ir fazendo, daquele múltiplo espaço quadradinho, a geografia total de sua infância".

No final do livro, os tipos de letras estão bem reduzidos em seu tamanho, as palavras refletem sobre fim e começo, branco e luz... até chegar aonde termina essa história. Ou começa.

O autor, narrador intimista, conversa com o leitor respondendo a uma pergunta que ele projeta no leitor — se o livro é para crianças—, terminando:

— Não. Não é. Este é um livro como a vida. Só é para as crianças no começo.

Esta conclusão vem separada por uma linha azul. O narrador passou da terceira para a primeira pessoa, e mais, conversa diretamente com o leitor.

Está feita a trajetória da literatura infantil e juvenil em criação original total, do só-imagem para só-palavra, intermediada por toda a história dos quadrinhos intertextualizada e intratextualizada nesta obra que, por si só, é SIGNO DO OBJETO NOVO LITERATURA INFANTIL E JUVENIL BRASILEIRA... que é sempre para a criança, para o jovem, para todos aqueles sabedores de que a criança é eterna e, também, sinal da confiança de Deus no gênero humano... querem também trazer sua contribuição... São criações que podem começar e terminar...

ERA UMA VEZ, E SERÁ PARA SEMPRE, A MAGIA DE VIAJAR ATRAVÉS DAS HISTÓRIAS E DOS LIVROS...

O menino quadradinho, de Ziraldo (Melhoramentos).

De Lúcia Pimentel Góes, com ilustrações de Alice Góes, incluímos aqui a coleção Ludo-Poemas (Vale Livros). Do livro *Poetando flor* transcrevemos o poema:

AMOR ____PERFEITO

É o amor do bebê	por sua mãe?
ou o do papai	pela mamãe?
ou o do vovô	pela vovó?
Ou dos avós	pelos netos?
dos irmãos,	dos amigos?
dos amados,	dos adotados,
do povo	pela nação?

HAJA CORAÇÃO!!

Amor-amora	perfeito-efeito
Namora-namorado	refeito-peito
Perfeito	o feito
do amor	– perfeito
=	2B
	B E BÊ!!!

O poema utiliza espaço, números, símbolos (p. ex.: em contraponto com letras) iconizando-os em semas, provocando explosões de sentidos como é a própria criatividade infantil.

Os desenhos entram no jogo criativo estimulando novas e originais associações/percepções, que certamente prosseguirão no leitor, tanto em seu sentir, quanto no seu pensar-fazer.

Passamos a palavra às autoras do livro *Histórias em hai-kai* (Vale Livros), Maria José Palo e Kris Palo.

Na produção poética do Hai-Kai a imagem se faz centro catalisador de analogias visuais, sonoras, morfológicas, como desdobramentos múltiplos que permeiam o texto aglutinado e denso. Em três versos assimétricos, a forma-texto narrativa breve responde à visualidade da escrita ideogrâmica oriental, sem exibir os fios-cordéis do sentido. Apenas a mente os vê, os une e os converte em imagens contrastivas-poema imagista que se recusa a contar histórias da linha, para "contar-poemas" no espaço.

Seu código é o gesto da palavra, da forma e da mancha-cor, negando-se a cumprir o regrado da ação contínua, todavia, afirmando-se como história continuadamente reescrita na memória de cada um que o vê em experiência única e irrepetível de leitura. Cada bloco é como uma pedra de toque de um jardim japonês, cujos vãos são interligados pela forma, movimento, cor, espaço, num exercício de produção de imagens, ponto de encontro entre o tradutor, o leitor e o criador.

Histórias em Hai-Kai se define como um livro de exercícios de "como aprender a fazer poemas" num ambiente tecido com sinestesias e qualidades imagéticas. Estas têm a função de descrever as mutações que as leis do ACASO do universo, em versos medidos, permitem-nos lê-las, no instante de sua criação, assim expresso por Paul Valéry: "O instante engendra a forma e a forma faz ver o instante".[3]

Histórias em Hai-Kai, de Maria José e Kris Palo (Vale Livros).

---

[3]   PALO, Maria José e Kris, parecer descritivo. 25 de abril de 1992.

2. Orquestração de linguagens: do adágio ao presto forte

No livro de Teresinha Alvarenga, *A mãe da mãe de minha mãe*, com desenhos de Ângela Lago (Miguilim), a narradora aderida à personagem, uma menininha, relata sua experiência: "Eu tinha cinco anos, Bivó mandou-me chamar".

Papel cuchê, diagramação, tipo de letra em perfeita consonância com o objeto arte que é a literatura infantil e juvenil. A ilustração, em traço bem delicado, mostra a garotinha segurando a barra do vestidinho, enorme laçarote na cabeça, e uma das pontas da fita adentrando o espaço das linhas verbais. Ela está em pé sobre um banquinho, apontando como ainda era um tico de gente. Virando a página, uma árvore antropomorfizada (olhe bem, PG, o tronco tem cara sorridente) atravessa bem no meio as linhas escritas. Escadaria imensa na página ao lado indica o percurso da bisnetinha. A porta de entrada em recorte (trabalho artístico da face), espaço vazio em forma retangular (o das portas em geral), encimada por batente em arabescos, estes também à moda dos antigos casarões. Crianças e adultos encantam-se com a porta-recorte, que cada vez que transporta, ao virar das páginas, vai descortinando espaços, agora interiores, com aquela atmosfera tão rica de recordações, de quem andou por nosso interior urbano ou rural. A porta segue em gradação decrescente no que é acompanhada pelo tamanhinho da garota. O contraste e a variação de tamanho passam com muita sensibilidade a imensidão que separa uma bisnetinha das dimensões da casa e do próximo encontro.

O detalhismo se evidencia não pela quantidade de desenhos, mas pela minúcia de sua escolha. Assim, o verbal nomeia, o desenho secunda, a escada da cozinha. Diz a menina, em monólogo interior:

> Casa esquisita com escada sem corrimão para descer na cozinha.

À medida que a narrativa cresce em tensão, as marcas pontuais se multiplicam, enfatizando o auge da emoção da criança:

> Andei para trás:
> — Quem é você?!!!!!!!!!!!!!!!!!!!
> — Não me come!!! Não me prenda no balaio, não me cozinhe no panelão! Por favor! Seu Lobo!

Ficamos sabendo que o monstro encabulado veio vindo, todo manso, trazendo seu cesto de café. A menina berra, o medo aumentando, correm mãe e avó, e a velhinha corcunda, voz rouca, mas mansa, foi acalmando a menininha, mãos doces a acariciando:

> E a corcunda ficou lá trás [...]
> Eu sorri.
> Bivó sorriu.
> Elas não entenderam.
> Ben feito.
> Na cozinha, um armário de doces.

A bisnetinha sumindo no abraço da vovó, o cachorrinho participando do momento tão especial, tão terno em sua descoberta. Portanto, orquestração de linguagens: texto-vida (tempo, móveis, casa, gerações) recriado pelo verbal, visual, diagramação, linguagem grafotipográfica, "faca", ferramenta gráfica, adensando a profundidade da leitura...

O livro recebeu o Selo de Ouro da FNLIJ; está explicado o porquê.

Roseana Kligerman Murray (Miguilim) mais o projeto gráfico e montagem de Arabic Bezri, Cleusi Maria Barbosa e José Eduardo Borges Moreira nos brindaram com o livro *Retratos*. À esquerda, o retrato em preto e branco da avó. Ao lado, a página titulada: "A avó". Temos seu retrato falado, no caso, escrito entre descritivo/real e metafórico. Exemplificando:

> Ela toda parece um pássaro. Usa um xale de renda na cabeça e nas mãos carrega sempre um livro sagrado e cheiro de cebola. Tem passos miúdos. Às vezes parece orvalho.

Vão desfilando os retratos, o dia a dia da avó, o avô, a primeira filha (com a beca ao receber o diploma), a segunda filha. Seu retrato falado principia: "A segunda filha é só de mel e preguiça". Depois são mostrados os filhos da filha em fotos diversas... No capítulo "O nascimento", o acontecimento tão esperado pelos primos, todos; nasce uma menina linda, que fica muito mimada. Vem o aniversário, festa na casa da avó. O retrato fixando o momento do apagar da vela do bolo de aniversário. "O primo de longe",

"A loja" para, no final, nos depararmos com uma carta. Esta para a mãe, comentando o álbum encontrado já tão empoeirado e o abraço da filha Roseana. Ela poetiza, de sempre, em prosa poética, flagrando os instantâneos nesse achado tão feliz, de um livro que se retrata metalinguisticamente como álbum de retratos. Os retratos intratextualizados, sendo a dominante da articulação das várias linguagens: fotografia, papel de seda entre as fotos, prosa poética, diagramação, papel de carta, e carta como final.

O livro *Pequena história de gente e bicho*, Prêmio Literatura Infantil 100 anos da Melhoramentos, texto e ilustrações de Ciça Fittipaldi.

Pequena história de gente e bicho, texto e ilustrações de Ciça Fittipaldi (Melhoramentos).

Capa impactante, cuja leitura já é desafiadora: moldura branca em primeiro plano sobrepõe o retângulo de colunas (segundo plano); este quebra a estrutura linear da escrita horizontal. Rompe sua horizontalidade, mas não totalmente.

O título distribuído por retângulos alternando lua minguante, peixe, cobra, onça, borboleta (bichos), formas remetendo ao sol, objeto/motivos em cores vibrantes, tropicais e, ao pé da página, a figura, em perspectiva de fundo, de índios ladeados por supercolorida pena desenhada na horizontal e desproporcional, compondo um elemento inusitado e extremamente atraente. Jogo de planos, figuras, cores, diagramação.

O branco funciona como divisor de tons e cores (linha) e depois vira ele próprio cor, nas páginas 2 e 3.

Já vivia, via e ouvia a tartaruga quando veio dar à praia, estrangeiro, o grito

TERRA À VISTAAA!!

Esta frase é detonada, gritada pela gradação crescente, tanto no tamanho das letras em maiúscula e negrito como nos múltiplos As. Portanto, a ênfase emocional referencia e recupera o grito de descoberta dos navegadores. O desenho mostra mar ondulado, onde boia a tartaruga, e é simbólico e metaforizado o barco-lua.

Pequena história de gente e bicho, texto e ilustrações de Ciça Fittipaldi (Melhoramentos).

A temática leva a pensar sobre a ação dos colonizadores e da população brasileira sobre nossa terra; seus ciclos econômicos, a produção, a terra, o homem. O homem já dicotomizado entre o civilizado e o índio, pois dessa divisão muda sua relação com o bicho e com os elementos naturais. A predação do homem que aqui chegou, testemunhada pela tartaruga longeva, é narrada poeticamente:

> Ouro nas águas,
> ouro nas terras,
> ouro nas serras.
> Mais pedras e pedras e pedras.
> E a gente, bicho, toca pra dentro.

O ritmo, os versos breves, a repetição articulada em vários níveis transmitem a urgência de um acordo para deter o acelerado da destruição. Há todo um registro de bichos, plantas, objetos, falas regionais compondo a trajetória de nossa cultura. A musicalidade dos versos transmite ora no forte, ora no piano, ou no acelerando, ou no ralentando quase a desesperança, o tom melancólico diante da realidade hoje, porém terminando em apelo à união dos de dentro e dos de fora, metáfora e alegoria da "sobrevida do homem e do planeta Terra"... Vencerá o azul? perguntam. A página dupla com ilustração de fora a fora, 4/5, em que o "pspino" ou papel se desenrola. Apreende o olhar do leitor para os três planos: ao fundo, os cavaleiros em guerra; no meio, os soldados em formação; em primeiro plano, a floresta. O verde do fundo funciona como outra imagem sugerindo o oceano, com o "pspino" superposto.

Em todas as páginas, a ilustradora utilizou listras ou linhas paralelas (horizontais ou verticais) como textura; são elementos que dão movimento.

Nas páginas 8 e 9, na floresta, em técnica de colagem sobre papel listrado e pintado com aquarela, aparece o branco em primeiro plano, reforçando a figura da índia extraindo o látex da árvore. As capivaras que aparecem não são colagem, como a índia e o próprio papel de aquarela, e estão em terceiro plano.

Pequena história de gente e bicho, texto e ilustrações de Ciça Fittipaldi (Melhoramentos).

Portanto:

1º plano — índia mais árvores;
2º plano — árvores em marrom-claro;
3º plano — verde/claros-escuros.

Os rastros, o verde sugerindo fundo infinito.

Nas páginas 10 e 11 repete-se a técnica de colagem em diagonais de papel-madeira sobre papel branco.

Estas páginas são das mais belas como metáforas da natureza que já vimos em livro. Força, impressividade, em altíssimo nível de criatividade. Nas páginas 14 e 15 aparece o preto funcionando como elemento de contraste e de segundo plano para o boi. Um achado, a brincadeira do xadrez quebrando as regras de claro/escuro; luz e sombras que classicamente sugeririam a anatomia do boi... Arte esta do cubismo.

As onomatopeias — VRUMMM — dispostas espacialmente, fazem delas não só letras, mas símbolos convertidos em espaço, trazendo o leitor para um mundo tridimensional.

Culmina com o GARIMPOOOOOOO!!! E OURO: esta palavra é repetida três vezes. A técnica é de colagem; usou papel, recortou e colou, usando a linha branca (o branco como linha) para dar a forma de pedras, montanhas, gente, cidade etc. Este é o primeiro plano.

Em segundo plano, o azul para a noite; cores e desenhos em contraponto com o verbal, em ritmo de fala indígena, misto do uso local, destacando os diamantes, que naturalmente brilham muito mais na noite, e na fé, assim como poderá, também, brilhar na cobiça humana.

A narrativa termina em fim do mundo, com a hora passando, pois ela própria "está passando da hora", limites atingidos no remate intenso e aberto:

> ... temos que entrar num acordo
> os de dentro e os de fora.
>
> Assim ponderou a tartaruga
> com seus quinhentos anos de experiência.

Só este livro *Pequena história de gente e bicho* exigiria um espaço único para sua análise. Sua grandeza é um *gran finale* em presto forte para esta orquestração de linguagens.

CAPÍTULO V

VISUAL SIMBÓLICO: A DANÇA DOS SETE VÉUS

1. Desvelamento mítico

Dentro do esquema geral que propomos para trabalho com o livro de literatura infantil em sala de aula: a) motivação, b) processo ou acompanhamento da leitura (o mergulho no texto) e c) avaliação indireta, temos no livro VIRA, ARIV, VIRA LOBISOMEM, de Lúcia Pimentel Góes, ilustrações de Ana Raquel (Editora do Brasil), uma capa que rende muito como motivação.

Como sugestão, pediríamos ao PG que abrisse o livro mostrando a capa, aberta de modo que a ilustração, de fora a fora, pudesse ser absorvida pelo leitor. Primeiro perguntaríamos:

— O que tem o título como índice de seus significados? E a imagem? O que veem?

— Uma lua.

— Vejo uma borboleta; parece que tem pombas em suas asas...

— Só isso?

— Ah! A esfera em branco sobre azul também pode representar a Terra!

— Ótimo! Depois da leitura, vocês verão que também é metáfora de mais uma dimensão da grande metáfora que é o livro, ou seja: a caminhada humana, ou o percurso existencial, tanto no plano coletivo (humanidade) quanto no individual (a vida de cada um).

O Lobisô sofrerá suas mudanças a cada sete anos em noites de lua cheia... No começo nem sabe delas, depois as teme, acabando até por esperá-las e, mesmo, desejá-las... A mudança será marcada pela fórmula: sete anos (7 x 1); 14 anos (7 x 2); e sucessivamente. Em cada viração, Lobisô assume uma metamorfose: gavião, leão, zangão, urso, tubarão, cisne, raposa (7 x 7), coruja, pomba, ostra.

— Isso, PG, como ostra descobrirá que aos setenta anos (7 x 10), depois de trabalhar uma noite inteira produzindo a mais bela pérola, guardou-a na alma.

> Tinha descoberto que eram precisos dez vezes sete anos para se construir uma vida tão preciosa como a pérola...

Ana Raquel, em sua leitura (e cada leitura de outro artista ou de outro leitor qualquer será sempre uma nova proposta, uma recriação), optou não por uma representação lúdica (bichos desenhados fielmente), mas por quadros que aprofundam a ressonância poético-mítica desta história. Assim fazendo, ampliou, alargou os horizontes, permitiu viagens múltiplas para cada leitor, deixando a obra em aberto.

Seus quadros "contraponteiam" o verbal, em beleza única!!! Na última virada, depois da pérola, Lobisô-borboleta — ao virar da página em gradação crescente de quadros, até o último, que toma toda a página — transforma a ostra, que paulatinamente se abre, virando asas de borboleta. A ostra de pérola-vida é atraída pela *Luz* maior. O verbal revela:

Lobisô ainda foi Lobisô-borboleta,
pois o peso dos anos desaparecera
e ele estava agora leve,
leve como um sopro de ar.
De tão leve e tão precioso,
tão sábio e tão sereno

foi ao encontro da Lua Cheia
como Lobisomem
e nunca mais desvirou...

Se o leitor for muito pequeno ou ainda pró-leitor ou leitor-iniciante (na classificação de Nelly Novaes Coelho), o PG precisará explicar o que é um mito, como ele nasce do assombro do homem diante do desconhecido. É assim que o ser humano cria os sacis, fantasmas, mulas sem cabeça, vampiros: eles nascem de seus medos, paixões, sustos, derrotas, esperanças, desilusões, sonhos, pesadelos etc.

— Por que o Lobisô nunca mais desvirou?

— Procure suas próprias respostas... faça seus alunos buscarem-na também. Uma poderia ser: ele passa por todos os sustos, medos, temores; aprende a lidar com eles, cai, levanta-se, segue, caminha, busca, luta até que ele próprio, mito-desvelado, não mais precisa de mudanças ou virações!

Um livro que, sem a leitura não verbal de Ana Raquel, perderia as luminescências que seus desenhos irradiam.

Dráuzio, direção de Edmir Perroti, desenhos de Walter Ono, texto de Lúcia Pimentel Góes (Paulinas), também trata de um resgate do mito, neste caso, do vampiro. Este, por artes de uma fada que derramou pólen de rosa e perfume de violeta na primeira mamadeira vermelha do bebê-vampiro, mudará seu destino. Ele será um vampiro diferente, que acabará exilado pelos vampirões, lutando sempre por sua verdade e contra as instituições ultrapassadas, não por serem milenares, mas por não terem a menor razão de ser... É a luta contra o autoritarismo, os estereótipos, os preconceitos, as rejeições.

Dráuzio, de Lúcia Pimentel Góes (Paulinas).

Walter Ono recriou toda a atmosfera lúgubre do mundo dos vampiros em feliz escolha do lilás como cor para todo o livro, utilizando o preto, além do branco do papel. Os desenhos são um mundo de sugestões! À página 3, mamãe vampira, grávida, descansa sobre um tronco retorcido, tendo por cama o solo pedregoso, que termina em escarpa (sugerida)... Encimando a ponta do galho, um urubu; ela com os caninos salientes, olhar vivo, chapéu protetor... Pelo traço caricato, pleno do humor e gaiatice de Ono, Dráuzio tornou-se muito amado pelos leitores. Que gostosura a centopeia em seus encontros e desencontros com Dráuzio!

O clímax da narrativa é em jogo de perspectiva, recriando a Assembleia dos Vampiros que julga o infrator Dráuzio. Página dupla, janela em barras deixando entrever escuridão lá fora, cortada por raios, e as figuras apavorantes de juízes tão assombrados. A diagramação usa balões, cortes, vazados, o lilás alternando com o branco de fundo; o verbal, a começar pelo título, em cores e desenhado como sangue a escorrer, maiúscula, espaço significando e enfatizando os sentidos; intertextualidade não só intratexto, de figuras como o Conde Drácula, Matusalém, Zé do Caixão, além de Lobato como divisor da história da literatura infantil brasileira como símbolo maior do questionamento e busca da verdade. Dráuzio nasce no mesmo dia, hora e local do nascimento de Lobato... ambos teriam alguns pontos em comum, um deles o amor aos pequenos.

Em Carlos Nejar, com ilustrações de Cláudia Scatamacchia (Melhoramentos), a capa concretiza a intertextualidade bíblica, fulcro temático. O Espírito — partindo do individual e passando pelo coletivo — atingirá a universalização alegórica: Espírito Criador derramando-se por toda a criação, fazendo a criatura compartilhar no passado, no presente e no futuro da semeadura, em contínuo recriar. Traz o verbal e a imagem, além das linguagens espacial, grafotipográfica, diagramática. O vento penetrando pela janela (por ele escancarada?) inunda com seu sopro vivificante todo o espaço. Ao virar da página temos a personificação indiciada no texto bíblico de Atos 2,2. O vento que veio do céu enche, veementemente, a casa. Impossível ler o verbal sem ler a imagem. Esta, completando o símbolo Vento = Espírito Santo, aparece em desenho que propõe como possível leitura um espermatozoide, a penetração do óvulo, pois os fios que conduzem essa semente assumirão contornos como os das páginas 20 e 35 (esta lembra a trompa de Falópio), os líquidos vitais, o emergir do aquoso ou o transplantar--se aereamente, em ambiguidades fecundantes.

Zão, o vento-espírito, é a metáfora que dinamizará nuclearmente todo o poema. Versos livres, libertos, varrendo, arejando, ora em lufadas, ora em rajadas, ora em quietudes... o leitor, envolto nesse soprar, vê-se em olho de furacão, em trevas, em claridades, em epifanias. As linhas poéticas ventam, sopram, enovelam-se, entram em redemoinho. O Espírito inspira, reflexiona, infla-se, cria...

> Como prever o vento,
>> alvo como a manhã?
> O grande vento. Poderoso, invencível?
> Como segurá-lo
> ou em árvore amarrá-lo?
>
> Quem, de surpresa, pode aprisioná-lo? (p. 45).

Ao lado da imagem espiralada, como a de um furacão, o olho-eixo (p. 46), desenrolando-se o fio, que do pé da página ascenderá às alturas da página seguinte. Os versos estão em disposição também variada: à página 46, a estrofe é vertical; à página 47, horizontal, espraiada. Portanto, as linhas poéticas ou versos presentificam-se e concretizam o movimento do vento. Do conjunto resulta sinestesia (cruzamento de sensações) forte, impressiva, provocando emoções, ressonâncias. Eis as duas estrofes:

É
como   Pegamos pela mão
tentar
pegar   a eternidade.
a
luz.   (pp. 46, 47)

Tanto imagens verbais como visuais e espaciais ensinam a vida, a iluminação que é o espírito criador, passando e perpassando metaforicamente do particular para o universal, na beleza deste poetar mítico de Carlos Nejar.

De Jayro José Xavier, com ilustrações de Cláudia Scatamacchia, temos o poema "Ulisses", em *História para ninar meninos* (Melhoramentos). Texto metalinguístico, apropria-se do mito grego para tecê-lo em versos líricos. Ulisses é apresentado em molduras, que dão as dimensões de um menino, sendo ao mesmo tempo um e milhões... meninos de hoje, dos grandes centros urbanos, emparedados nos espigões de pedra. Molduras que contam mil histórias, a partir de suas imagens sensíveis e belas, marcando, pela força da solidão ou do sonho, as vontades do menino e do homem ao longo dos tempos.

E Ulisses contava os olhos
escancarados
de milhares de janelas
onde milhões de meninos
como ele
jamais haviam tomado
qualquer lição
de horizonte.

Os rostos-prédios concretizam o confinamento, de forma impactante, estabelecendo uma justaposição de sentidos, impossível de separar. O poema teria como primeiro receptor um público juvenil, mas a força das imagens pode ser decodificada por leitores pequenos também. Quem pode estabelecer limites-cercas para o entendimento infantil? No sonho, o menino navega liberto. Então o poema abre-se em desfecho-começo de página dupla: à esquerda o rosto ocupa todo o espaço, nos olhos, as velas de barcos... ao lado, os versos:

> Conta um velho marinheiro
> que o navio do menino
> todo dia vai a pique
> sob o fogo dos piratas,
> mas o menino não morre.
>
> O menino
> (todo menino)
> é eterno.

Também neste poema encontramos a gradação crescente, do símbolo para a alegoria, do menino Ulisses (já símbolo arquetípico) para o verso "todo menino é eterno". Alegoria da infância, de suas dimensões de plenitude, inteireza, verdade, liberdade, transparência. Aprisionar meninos é crime sem fiança, com certeza; crime dos mais hediondos... O homem de hoje espanca, violenta, atira meninos na rua, que morrem de fome e de sede de justiça. Meninos sem lição de horizonte, meninos cuja infância foi assassinada!

Este intertexto traz os fios míticos de Ulisses, dos argonautas, de Penélope, de sereias, de piratas, de naufrágios (concretos e metáforicos). Lendo a incompletude, sossega: todo menino é eterno, não naufraga; mas e o homem? Esse homem adulto que atira em mar alto milhões de meninos? Estamos vivendo o naufrágio de nossa sociedade.

O poema, porém, termina sem a tragicidade do mito: ao afirmar que todo menino é eterno, remete para a esperança de que os meninos herdem a Terra e o futuro. Os desenhos, quer traçando gaivotas em linhas de horizonte, pássaros, voos, símbolos de liberdade, quer pontuando com estrelas, nuvens, auroras, ilhas, coqueiros, figuras poéticas visuais, entrelaçam de beleza este todo significativo em unidade perfeita.

Em *O menino mais bonito do mundo* (Melhoramentos), o texto e o projeto são de Ziraldo; Sami Mattar é autor dos óleos e a menina Apoena Horta G. Medina, dos desenhos. O menino descobre o mundo, maravilhando-se com o sol, as flores, as plantas, as árvores, o mar e vê as coisas olhando para ele e dizendo: "Como você é bonito, menino!". O verbal, sempre pontuado por ritmo e melodia, utiliza recursos poéticos, tecendo esta prosa poética, em que um eu emocionado transmite liricamente suas impressões. A Bíblia é intratextualizada em momentos-cumes de tensão: "O menino acabava de ver as coisas pela primeira vez. E achou que era bom". Até este momento, os desenhos são criação da menina Apoena. A partir daí (p. 15), acontece a passagem da infância para a idade adulta. Os desenhos serão de Sami Mattar, presentificando o contraste entre a visão infantil e a visão adulta. Agora, jogos de sombra e luz, massa, cores carregadas substituirão a vivacidade e leveza do traço infantil. A primeira narrativa será repetida exatamente, mudando apenas a atmosfera, o ponto de vista. A Bíblia comparece por meio de palavras como paraíso, a cena em que Adão, com dor no peito, um pouco abaixo da costela, vê algo mais bonito do que tudo que já vira. Fica ali, parado, então, ouve a voz que sempre ouviu e sempre entendeu, a voz dizendo como uma canção: "Como voce é bonito, Adão!".

O PG deverá estar se perguntando: Além da visão primeira do casal no paraíso, que outros simbolismos contêm o texto?

— Muitos, e cada leitor poderá ler esse tecido plural de maneira diversa. Mas só o conseguirá se dominar alguns códigos, ou linguagens, e estiver de olho arregalado, mente atenta... Então, ao dobrar a página, verá — quem?

— Eva, naturalmente.

— Sim, PG, Eva, mas simbolizada pelo famoso quadro de Boticelli, "O nascimento de Vênus". Além do clássico da pintura, comparecem o mito grego, na deusa do amor, o ciclo da natureza por suas estações metaforizando as idades do homem e da humanidade (a importância de se ver tudo com aquele olhar primeiro), a harmonia de cada um em consonância com tudo que o rodeia, a necessidade de *ad-mira-ação*.

2. Desvelamento existencial

Em *A menina do canto A,* história de Lúcia Pimentel Góes e Alice Góes, com ilustrações de Alice Góes (Vale Livros), a capa traz os índices do núcleo temático. Enorme letra A, escondendo-se no seu canto esquerdo vê-se uma garotinha abraçada a ele, e em toda a letra ela presente em inúmeras posições e ações, miniaturas de meninas no seu dia a dia. Ao iniciar-se a narrativa em página dupla, imenso A ocupa ambas as páginas, a menininha sentada sob ele, a sombra enviesada, ela abraçada sob ambas. Letra A, que é canto, casa, refúgio, abrigo, segurança. O verbal conta:

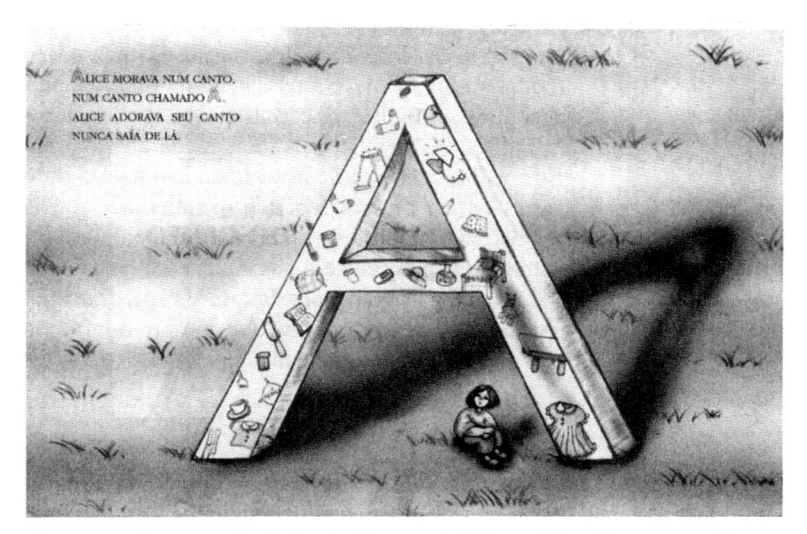

A menina do canto A, de Lúcia Pimentel Góes e Alice Góes, com ilustrações de Alice Góes (Vale Livros).

Alice morava num canto//Num canto chamado A.
Alice adorava seu canto
Nunca saía de lá.

Depois, ao virar a página, descobrimos que às vezes ela subia na letra, num impulso de voar, virava pássaro, passava nuvem, pousava logo, dizia AH!!!

A gradação de meninas ascendendo a letra A, braços abertos, querendo abraçar a vida e a plenitude. Mas o voo intuído na exclamativa AH!, o pássaro esvoaçando, menina sonhando-se solta no ar. Toda a letra é feita de nuvens, pássaros e a menina-miniatura voando... Então seu canto... Ela já está apoiada na viga que corta o A, como seus objetos cotidianos visitados, invadidos por um gato, cujos miados penetram, atravessam, perturbam. Na sequência seguinte, a menina, cabelos revoltos, no topo do A, olha para bem além dele, com a enormidade do miado da onça-pintada, que ameaça com garras, dentes, força, manchas/pintas/malhas... metáforas da não-lisura da vida, da não-quietude das horas-vidas; malhas: metáforas das batalhas, lutas a serem enfrentadas... O A sempre contém, em submotivo, o tema- -unidade que está sendo desenvolvido. O corpo da onça inclui floresta, pássaros, luz, sombras, terra, nuvens, ar, céu... Ribomba o trovão, coração da nuvem-chuva, e com o raio parte o A em duas metades. Nuvem personificada, nuvem-cara, olhos chorando, água lavando, purificando, renovando, raio estrondeando, fogo cauterizando, energizando, menina servindo-se das metades do A, para brincar inventando seu caminho, apoios que já não mais servem de refúgio, mas de impulso. Liberdade, coragem, alegria de viver, caminhos variados: R, N, E, X, M...

"Partiu a toda pra todos os cantos do mundo do A ao O. Adeus canto A", gradação decrescente, iconizando a minimização do canto, que até poderá ser utilizado, mas não mais como fechamento, e, sim, como fonte. Portanto, linguagens que se cruzam, fios que se entrelaçam construindo sentidos que concretizam a busca de si mesmo, enfrentamento esse dos mais difíceis, mas que toda criança repete no fluir-dia aprendizado de vida. Mergulho existencial, caminho do eu para a vida, do eu para o outro, e deles para si mesmo...

De Rosana Rios, *Marília, mar e ilha,* com ilustrações da autora (Estação Liberdade e Fundação Nestlé de Cultura), este livro foi Prêmio Melhor Livro Infantil/Juvenil da 5ª Bienal Nestlé de Literatura.

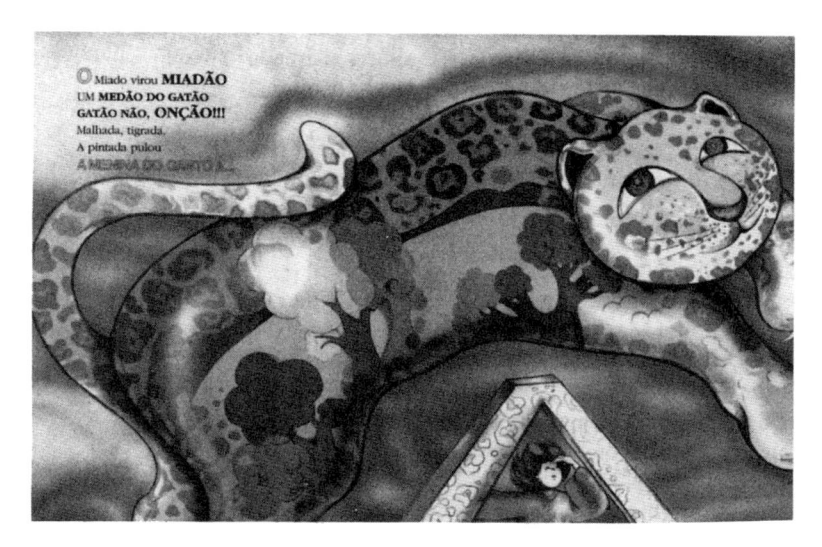

A menina do canto A, de Lúcia Pimentel Góes e Alice Góes, com ilustrações de Alice Góes (Vale Livros).

O livro recriará o mito de Eros e Psique. Marília encontrará a unicidade quando, a partir de si mesma e de sua relação com a vida e com os outros, amadurecer para o amor. Portanto, metalinguisticamente tecerá os fios da passagem da infância para a adolescência; em intensas mudanças (colégio, amigos, amor real, maravilhoso, casa, objetos), nesse desgarrar-reiniciar, deixará o mar-útero, onde se abrigam: ilha, ilha-círculo, anel-elo, para, assumindo a invenção de si mesma, buscar inteira o seu caminho, pisando terra firme. Linguagem lírica, mítico-simbólica.

A díade real-fantasia corresponde ao espaço real-mítico, personagens humanas-sobrenaturais. Enfim, os planos da realidade e da fantasia são iconizados pela linguagem grafotipográfica que apresenta tipo horizontal (real) e inclinado (mítico). Assim, em diário marcado cronologicamente pelo suceder dos meses, no espaço de um ano, temos: "Eu sabia que um dia alguém viria. E viria do mar, já que ele era o meu elemento. Desde pequena conhecia seus segredos". Narrador em primeira pessoa, aderido à personagem. O plano do real tem narrador em terceira pessoa, visão de fora: "O mar estava ali, presente à volta de Marília, carregando-a para o fundo... Ela não tinha medo. Deixava-se flutuar feito água, espuma e sal. Era parte dele! Era mar".

Inúmeros símbolos — o caramujo, o príncipe que veio do mar, o anel, o canto da sereia, o nome Marília = mar + ilha, oceano, casa, o feiticeiro do mar, Marcelo, as frutinhas azuis, mágicas — podem ser usados pelo PG para ir desvelando por meio de perguntas-sugestões e debates bem conduzidos, que acionam o comprometimento-envolvimento de todos. O professor entusiasmado torna impossível a não participação.

Os desenhos da autora, em duas cores, recriam os dois planos contrastivos, porém, apesar de bem realizados, a reprodução/impressão deixa a desejar quanto à qualidade, impedindo o diálogo denso que ambas as linguagens estabeleceriam entre si.

Interessante que os livros por nós escolhidos nesta busca existencial vêm apresentando uma temática ligada ao mar ou ao ar... *Uma ideia solta no ar*, de Pedro Bandeira, desenhos de Rogério Gorges (Moderna), inicia-se com uma paisagem marítima: mar e céu. À tarde, "não havia ninguém na praia / Quase ninguém, porque havia alguém / O quase era um menino / Só um menino". Ondas invadem de fora a fora o espaço; o menino caminhando voltado para o mar, mar separado da terra pela areia negra; a figura do menino também delineada. Ficamos sabendo que ele era do tamanho exato ou justo para esperar, fazer acontecer o que tinha de ser... menino negro. Seguem-se imagens-símbolos, meninos e pipas (liberdade), menino negro e formas coloridas, geométricas, pedaços de pipas, ele de olhar sereno sabendo a certeza de tudo o que vinha... Pipas, agora fragmentadas, simbolizam vento, calmarias, tempestades, maremotos, até do fundo do mar teve papagaio submarino, feito de alga e coral, arraia com rabo de arraia, enfim, um poético variado, como variada é a natureza e a vida. Depois aparecem os pássaros que foram empinados, quatro grandes pássaros, cujos olhos (talvez o sentido marcante das aves) nos perscrutam com toda a sua agudeza. Houve quem empinasse canções, meios-tons: então, surgiram os interrogadores, homens sérios, acusadores, julgadores, normadores (legisladores de critérios, pessoas da organização). As imagens são contundentes, como as das páginas duplas (28 e 29), com enorme Tio Sam amordaçando a boca do menino, dizendo: "Se for assim, está tudo proibido!". Foi como se a hora estivesse marcada, o menino empinou sua ideia. O verbal poético utilizado em isomorfia (léxico, sintaxe, semas):

Houve um silêncio.
Houve um momento sem nada.
Houve um instante de espera,
de quase-surpresa,
de enlevo-esperança
pelo que podia ser.

As reiterações nos extratos anteriormente referidos irão num crescendo tornando-se objetos sonoros, pensamentos-forma, sentidos profundos, em que o visual, o verbal e o sensorial perfazem uma sinestesia (cruzamento de sensações) bastante forte, possibilitando e deflagrando intensa participação-reflexão nos leitores. E as imagens-ideias subirão, inflarão, para derramar-se como chuva colorida, bem-vinda, trazendo tudo "misturado, lavado, combinado, inchado, mudado, até melhorado. [...] mudando, mudando, mudando".

Aaaaaaah!...
E o menino, dizem, deve ter ido junto.
Porque nunca mais, nunca mais se ouviu falar dele.

Novamente o menino-alegoria (pipas = símbolo da liberdade, de busca de novos ares), a chuva lavando o velho, renovando, recriando. Poema que, em passagem metonímico-metafórica, intertextualizando discursos-vida, discursos-textos, universaliza o sonho da esperança humana. Leitura que, longe de pretender fechar-se, objetiva provocar leituras múltiplas desta palavra gorda, por isso mesmo saborosa, do nosso Pedro Bandeira, ele mesmo Petrus-pedra-bandeira da melhor literatura infantil e juvenil brasileira.

Cavaleiro das sete luas, de Bartolomeu Campos Queirós, projeto gráfico de Paulo Bernardo Vaz (Miguilim). Já na capa a ilustração de um cavaleiro medieval, feliz escolha a reprodução indicada nos créditos: "Les Chroniques de Jherusalem Abregies", códice encomendado por Felipe, o Bom (1450), conservado na Biblioteca Nacional da Áustria, em Viena. O fundo negro destaca a gravura do cavaleiro. Ao virar as páginas, outro impacto, o papel cuchê, brilhante, a página inteira em azul noite e, na folha manteiga, os versos:

Em noites de lua cheia
havemos nossos encantos.

Versos que são circundados pela lua cheia sob a transparência do papel. Enquadrada em moldura de fio branco, a lua cheia, plena, brilhante. Estas folhas duplas, alternadas com a página de textura transparente, repetir-se-ão quatro vezes, iconizando as fases da lua. Suas sete fases serão a frisa branco/preta que encimará cada página dos poemas. Atmosfera cheia de magia, números cabalísticos, "luas misteriosas", marcando o tempo encantado. Exemplificando a força desses fios míticos, procure, PG, sentir o ritmo circular dos versos:

> Os sete cavalos brancos
> desceram das sete luas.
> Sete eram os cavaleiros
> com sete pares de asas
> e sete espadas de prata.

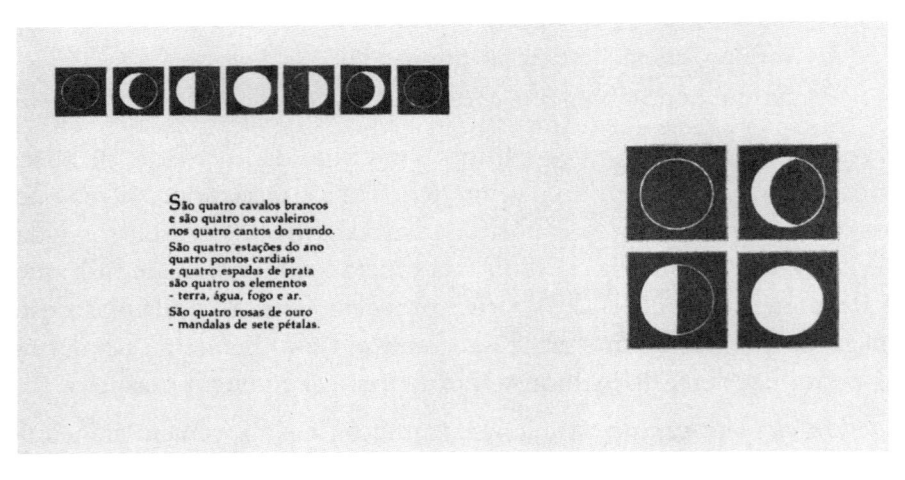

Cavaleiro das sete luas, de Bartolomeu Campos Queirós (Miguilim).

São pontos temáticos os quatro elementos vitais: terra, água, fogo e ar. Sinestesia intensa, cruzamento de cores, sons, apelos táteis, sonoros, visuais. Tato e cor: ônix, berilo, safira, topázio, gaia, flora, moira, íris, rubi, negro, branco, púrpura. O sortilégio acompanha o leitor até o final, impregnando-o de beleza, mistério, percepções tecidas pela harmonia dos versos no poetar tanto de Bartolomeu Campos Queiróz quanto do poeta gráfico Paulo Bernardo Vaz.

Conselho para o PG: só você sentindo o livro, desenrolando seus fios, vibrando com suas cores, viajando com seu som e ritmo poderá iluminar o encontro de seus alunos com as deusas e cavaleiros que passeiam, hordam, galopam, partem em sete cavalos brancos, cantam, "veem flores, riem pássaros, sonham ventos, nuvens, chuvas".

Damas de ouro, mandalas de sete pétalas e a púrpura da profecia. Dos mesmos artistas, o belíssimo *Minerações* (RHJ).

Ao lado do verbal "há que se afinar o corpo até o último sempre" (só assim nos exerceremos como instrumentos capazes de receber a poesia do mundo). Poesia suspensa em rotação e translação. A ilustração, invadindo o espaço branco em que se agrupam as linhas da prosa, corpo manchado, rastejando abaixo de flores nítidas entre sugestões táteis, visuais, acompanha as palavras:

HÁ QUE SE TER A PACIÊNCIA dos caramujos
visitando veredas e várzeas sem se
ferir/Vagar sem pressa, polindo com
prata e amar o percurso. Sem se
desviar do acaso, vestido de espiral
e compasso, passear desejos em fio
e luz, serenamente. Estar assim,
sem perdas e heranças. Ser sem volta.

HÁ QUE SE MORRER como morrem as
sempre-vivas. Escapar-se de si sem
furtar-se aos olhares alheios. Ser, a um
tempo, presença e ausência.
Sorvê-la como seiva que inaugura
no homem um destino vertical. HÁ
QUE SE SOMAR a natureza até o último
sempre.

Os tons lilases, as linhas verticais, retângulos em cortes irregulares, nuvens avermelhadas, o menino em linha curva, corpo em total estirar-se, braços lançados para trás e para o alto como se saltasse para um giro sobre si e sobre a vida. Cumpriu ele a rotação e a translação, ou seguirá cumprindo, pois colheitas de crepúsculos, destino de constelações, rotas de tempo, marés, ares só esculpidos pelo eterno devir...

Só mesmo parafraseando o poeta português Ernesto de Mello e Castro: "A poesia é o silêncio que se diz em palavras ou o silêncio é o nada que se diz no poema".[1] Podem expressar como sentem a beleza e a harmonia em silêncio, pois, somando-o com o dos leitores, muito terá sido dito...

---

[1] MELLO E CASTRO, E. 1993.

CAPÍTULO VI

INTERTEXTUALIDADE E METALINGUAGEM

1. Resgate de formas

Conto de fadas, fábula, poesia popular + pintura clássica, aventura popular + pintura moderna, diário + fotografia (as escolhas são exemplificadoras, não excludentes, do contrário, o inventário seria enciclopédico).

História meio ao contrário, de Ana Maria Machado (Ática), com ilustrações de Humberto Guimarães. Sobre este livro, transcrevemos o que já foi dito por Mello e Castro:

> A percepção carnavalesca do mundo possui um extraordinário poder renovador e transfigurador, uma vitalidade inesgotável. Chamamos "literatura carnavalizada" aquela que sofreu diretamente, após uma série de estados transitórios, a influência deste ou daquele aspecto do folclore carnavalesco, antigo ou medieval.

Na obra *Introdução à literatura infantil e juvenil,*[1] aplicamos a teoria de Mikail Bakhtine.[2] Este teórico cita três raízes principais para o gênero romanesco: a epopeia, a retórica e o carnaval. Em função da predominância de um deles, o romance europeu evoluirá para as correntes épica, retórica e carnavalesca, desdobrando-se em dois gêneros cômico-sérios: o "diálogo socrático" e a "sátira menipeia". Este segundo, a sátira menipeia, é que pode ser aplicado ao livro *História meio ao contrário.*

Evitando nos repetirmos, faremos aqui apenas referências, ligando a análise anteriormente mencionada às ilustrações. A capa é bastante feliz, contendo "em chave" o que será descoberto com a leitura atenta. Em fio--moldura é traçado o contorno de um dragão. Metade dele é separada pela cor negra (parte inferior) e o branco do primeiro plano (a parte superior). No fundo negro é desenhado o castelo, do qual se avistam parte das ameias e a torre, onde se encontram o rei, a rainha e a princesa. Estão de perfil, voltados para uma lua no meio de seu ciclo, nem cheia, nem nova, encimada por um dragão (tamanho pequeno) com asas. Em segundo plano, o casario na linha do horizonte. Perguntamos ao PG:

— Desses elementos, qual seria um índice exigindo o olhar arregalado?

PG – A esta altura, já arregalamos olhos, ouvidos, olfato, tato e pensamento! Não estariam querendo saber dessa lua em formato algo esquisito, com as pontinhas iguaizinhas aos cantinhos de olho? Porventura se trata do olho do dragão?

— Viva! Parabéns, PG! Mas nada de exageros, não vá arregalar-se tanto arriscando-se a acabar como o sapo da fábula, estufadíssimo, estalando forte e explodindo. Pretendem, por meio das respostas de seus queridíssimos PGs, poder, elas sim, estufarem-se de alegria, vendo crianças, jovens, adultos--pais-professores e outros lendo tudo dos livros, sem o preconceito de que este é para criança, aquele para oitava série, outros para as quintas... O PG que permanecer nesta será como o rei da história de Ana Maria, tão alienado,

---

[1] GÓES, L. P. São Paulo, Pioneira, 1991.

[2] BAKHTINE, M., op. cit.

mas tão alienado, que não conhecia o ciclo dia e noite, pensando que um ladrão roubara a luz do Sol. Pior ainda, mandou acordar o "senhor Povo", pois acreditava ser este unzinho só.

Então, há PGs, com Ph.D. e tudo, com o preconceito, ainda arraigado, de que o livro infantil e juvenil só pode ser lido como algo raso, horizontalmente, não tendo consciência de que ele, *Philosophy Doctor*, é quem estenderá seus fios-eruditos-de-códigos-densos-lidos sobre o livro tanto para os pequeninos como para um respeitável ensaísta. Não se comparam leituras de natureza e calor diversos. Tanto *valem* as cantigas de roda quanto as *partituras* de J. S. Bach!! Mas que compulsão classista!!! Parece que os fatos literários, fatos linguísticos, têm primeira, segunda e terceira classes! Será autoprojeção de quem se coloca entre os excelsos do Olimpo, desprezando os simples mortais? Felizmente, é uma minoria que se corteja. Às vezes, pode-se cruzar com os deuses e deusas, mas só serão percebidos pelo *revoar das echarpes, pelos olhares reais, fulminantes, de cima para baixo...* Às vezes, pensa-se viver tramas, ações na calada da noite, poções venenosas, intrigas palacianas no melhor estilo de um Alexandre Dumas ou de um Conan Doyle.

Assim, a menipeia de uma história meio ao contrário, em que se justifica a presença de peripécias e fantasmagorias as mais ousadas, revela com humor e ironia realidades de toda e qualquer corte real. Ora, o rei fechado em seu castelo, o professor que só analisa livros não passíveis de leitura pelos *simples*, incluídos nestes crianças e os "mestres infantilóides", no dizer de um erudito! Que tais encastelados "sejam felizes para sempre consigo mesmos!"

Sendo a última característica particular da menipeia a opção pelos problemas sociopolíticos contemporâneos, é essa a proposta do livro, como o é o do *O reizinho mandão*, de Ruth Rocha, um clássico. Este livro foi de absoluta importância no período da opressão militarista, o *único brado de liberdade que ecoou* sem que pudesse ser enquadrado. Portanto, tornou-se o grito de liberdade de todo um povo (e foi dado por um personagem infantil, por meio de um livro infantil: "Cala boca já morreu, quem manda na minha boca sou eu"). Permanecerá sempre atual pela arte de sua autora. Não preso à data, será sempre presente por seus valores libertários, por sua recusa de todo e qualquer autoritarismo.

Os desenhos coloridos, em estilo primitivista, referencial, recriarão a intertextualidade do Hino Nacional brasileiro, com o verso que faz o gigante estar "deitado eternamente"; pelo povo indo a "um passeio bonito pelos risonhos lindos campos cheios de flores e pelos bosques cheios de vida"; para depois "todos trabalharem juntos. Sem desencontro. [...] E o Gigante disse: 'Já vai chegando a hora. Quem quiser pode ir embora'". Novamente a metalinguagem intertextualizada pela "Canção das Horas", de Geraldo Vandré. Ainda o jogo da leitura ao pé da letra, que inverterá o sentido do "felizes para sempre": príncipe casando-se com pastora, princesa não querendo saber de casamento.

Bem ao feitio brasileiro, a princesa foi conhecer muitas terras, acabando numa das repúblicas que visitou, fazendo amigos. Iconizando a inversão ou o mundo às avessas, recursos estruturais desta narrativa, o livro começa com a fórmula de desfecho e principia com o "era uma vez".

A fábula em resgate, *O leão engolidor*, texto de Lúcia Pimentel Góes, desenhos de Helena Alexandrino (Melhoramentos), é um exercício de metalinguagem e intertextualidade, alegoria dos comportamentos humanos. Pelo leitor-criança é lido de forma lúdica, rindo com o humor e o recurso do "paroxismo do absurdo ou total ilogismo", que é a fome insaciável do leão devorador de tudo quanto vê pela frente. As crianças riem com o devorar de carretéis com fogão, metrô cheinho de Zés, Rosinhas e Marias... de toda a água do mar (o leão só cospe um pouco de sal)... O final, com os coelhos multiplicadíssimos trazendo tudo de volta, faz o leitor-criança interrogar-se do porquê de tudo. Muitas vezes, mais rápido do que o adulto, compreende tratar-se de uma *Fome* egoísta, monstruosa, de quem tudo quer só para si. Um leão egoísta que usa toda a força de que dispõe a serviço de si próprio e os outros que se virem... Enfim, o PG pode intermediar o desvelamento dos sentidos, perguntando:

— Que fome é essa que só faz aumentar?

— Quem obrigou o leão a devolver o que tomou?

— Coelhinhos são fortes?

— Posso falar aqui de forte x fraco?

E assim por diante. Os desenhos propõem outros símbolos, outros sentidos: a acomodação dos coelhos na barriga do leão, a graça da salinha com a coelhada sentadinha à mesa, mamãe coelha na cabeceira embalando o bebê-coelho. Mesmo crianças, confrontadas com a leitura de uma fábula, percebem o paralelismo entre os animais das fábulas e os animais desta história. O PG explicará que a fábula é contada de um para o outro, e que o livro assinado por um autor é diferente, já é construído pelos autores-escritores/ilustradores.

Mas o PG que preferir trabalhar o livro com alunos de quinta a oitava séries, ou com o segundo grau, ou ainda com o magistério, e, assim por diante, poderá partir da pergunta:

— Que é fábula? Parábola? Apólogo? Quais os recursos predominantes nesta narrativa?

Se a história toma a forma de fábula e a reescreve invertendo-a, utilizando o *nonsense*, já se trata de paródia. Se é fábula reescrevendo fábula, trata-se de linguagem falando de linguagem, intertextualizando personagens: o leão que simboliza força e poder será vencido pela união e esperteza dos coelhinhos. Também a alegoria se metaforiza: coelhos com nome e sobrenome — "Pedrinho e Pedrita" — metaforizam cada cidadão; os Zés, Marias e Rosinhas, o povo unido, enfrentando os mandões todo-poderosos. Mas a metáfora não será apenas analogicamente traduzida em leões-patrões, políticos-ladrões, ambiciosos, gananciosos. Enfim, autoridades despóticas... dentro de cada um de nós, podemos estar dando mamadeira para leõezinhos que, ao crescerem, acabarão por nos devorar: levando à compulsão da fome insaciável de comida (frustração, angústias, desilusões, rupturas, solidão); ou à destruição da bebida incontrolável, da droga, do sexo, do desvairo, das neuroses... Portanto, a linguagem transita da metáfora para a alegoria... Fomes individuais contra nós mesmos; fomes individuais contra os outros...

Carolina simboliza a ingenuidade e, ao mesmo tempo, a fidelidade, pois ela reflete, procura soluções, aceitando o auxílio dos outros, solidária à justiça e ao direito de cada um e de todos. Só quando o leão já-não-engolidor aparece, ouvindo pensativo o coelhinho com a última abobrinha na mão, ela também se apazigua...

Esse exercício de leitura vertical de textos, aparentemente só para os pequenos, exige uma *leitura aberta* de *obras abertas,* como propôs Umberto Eco.

Doce, doce, e quem comeu regalou-se (Paulinas): Tato desenhou, Sylvia Orthof contou. Tato recriou para crianças, no dizer dele, o universo do velho mestre flamengo Peter Bruegel ("O Velho"), enquanto Sylvia inventou uma história que ilustrava os quadros do pintor flamenguista. Bruegel nasceu por volta de 1525, sem precisão de data nem de local, talvez Holanda ou Bélgica. Faleceu em Bruxelas, em 1569.

A capa traz num canto, no enquadramento do título, os meninos já caracterizando a época, e o gato e o rato, sempre presentes nas vinhetas, figuras do teatro Guignol (caracterizado pelo burlesco e o humor de *basfond,* portanto rude, grosseiro), entretenimento sempre presente na Idade Média. A estrutura da obra corre isomórfica, quer dizer, as páginas esquerdas sempre com as quadras populares descrevendo ação, emolduradas pelas vinhetas (motivos a partir das vinhas), e na página 6, direita, os quadros desenhados por Tato. O capítulo I, "Cinco meninos na praça", apresenta as seguintes marcas espaço temporais: castelo / roupas / bandeiras nos portais, janelas / balão voando / o gato e o rato (deslocando-se em cada quadro), casario datado, costumes. Marca relevante é a capitular, ou letra desenhada que abre os capítulos, como elemento dos manuscritos (da mais antiga memória). O fato a destacar é que numa das janelas pode-se ver um homem de costas, sentado num penico. No período medieval não existia sistema hidráulico. De uma janela, alguém despeja água usada na rua, remetendo à inconsciência das medidas de higiene (até por desconhecimento dos microorganismos, como vírus etc.). No centro da praça (no interior esta cena ainda está presente), cinco crianças brincam de pular "carniça". Em torno do folguedo desses cinco meninos é que se desenrolará a sequência narrativa. O lúdico + humor negro (tijolo + cimento) são os eixos estruturais dominantes. A autora escolheu a "quadra" como forma poética, sem dúvida a mais adequada por ser popular para a dimensão do tema, efabulação etc.

Transcrevemos as duas quadras de abertura:

Pula carniça, menino,	Bandeiras e brincadeiras.
cinco meninos na praça,	Mas uma coisa é certa:
mais um balão voejando,	quem quiser intimidade
tanta coisa, quanta coisa...	não deixe a janela aberta!

Rimas internas, externas, reiterações como a da palavra "coisa", três vezes. Os versos em redondilha maior (sete sílabas), fazendo rir com mais gosto do homem do penico. O personagem vilão, o dono da casa de doces, é a figura contrastiva, pois, apesar de lidar com doces, está sempre azedo, expulsando os garotos, inflexível quanto a preços ou cortesias. A quadra cederá lugar a tercetos, quando o jogo volta a dominar o centro da cena, a seguir ocupado por um balão e a surpresa (o balão, aquele lá do começo... narrador e leitor intimistas):

> Uma noiva e seu véu
> estão chegando lá do céu?

Depois casório, mas uma pomba rouba a seriedade da celebração ao fazer sua necessidade em cima da cabeça do noivo (o guignol). Os meninos riem-se a valer. Burlesco, cômico, festança:

Na farra da comilança	tortas, bolos, strogonof,
o gato lambe o bigode	já passaram para a pança
cada qual come o que pode:	de Tato e de Sylvia Orthof.

Novamente a proximidade dos narradores e leitores implícitos, pois ambos se intratextualizam, convivendo, assim, com as personagens, eles também se regalando com o doce, doce.

Nas danças, os passos têm o equivalente no verbal. Gestual iconizando os passos da moda — "toca o fole, bole, bole" —, dançando todos no baile do povoado. O trocadilho: "gato e rata valsam num passinho engatado..." depois, o lugar de sonho: "o país da cucanha, onde o reinado é o da banha... e toda barriga é enorme". O capítulo 4, "Doçuras e amarguras", já agora aponta o contraste, pois mesmo na brincadeira, que é a forma da obra, não está ausente a ironia, a crítica de costumes. O aforismo é reaproveitado em atualização: "o creme não compensa, não!", garante o comerciante. Trocadilho de palavras parônimas tanto no léxico como no estrato fônico, porém contrastivas quanto ao semântico: creme x crime... O comerciante explora a doçura, carregando nos preços. Os meninos se apiedam do comerciante, que nada mais vende, oferecem-lhe docinhos da festa, e ele, encabulado, aceita, rende-se e diz: "Qualquer dia dou uns doces... Ou melhor, vendo fiado!".

Gato, pomba, rata, a lágrima a cair do doceiro modificado, a alegria da confraternização.

Lambem os beiços, ô gostosura de livro! Mataremos o PG que botar sal ou pimenta nestes doces!!!

De Camila Cerqueira Cesar, *As aventuras do camelo carrancudo e do mago Melquior*, com ilustrações de Eva Furnari (Paulinas). Por este livro rendemos nossa homenagem à figura ímpar de Camila Cerqueira Cesar, artista plástica, escritora, uma das fundadoras do Celiju (Centro de Estudos de Literatura Infantil e Juvenil), figura humana de grande estatura e beleza. A criança, o jovem, o próximo, a arte foram seus grandes ideais e a eles dedicou sua vida. Foi para todos nós, que com ela convivemos, um aprendizado de amor. Assim, a feliz conjunção de Camilaeva é especialmente gratificante: Camila com seu sorrizinho maroto, sua vitalidade juvenil, andava diariamente pelo Clube Pinheiros, está aqui presente, ao nosso lado, criando mais uma história para as crianças. Trata-se de resgate de forma, extremamente criativo e inteligente: a da forma cumulativo-repetitiva, tão ao gosto e sabor dos pequenos. Melquior, um dos três reis magos, é, com seu camelo, a personagem principal. Inicia-se:

> Ora, aconteceu que dessa vez
> Melquior quis viajar sozinho.
> Para ele, isso era uma grande novidade.
> Melquior era rei.
> Além do mais, rei mago.

Acontece que, sozinho, sem médico para curar, cozinheiro para fazer comida etc. teria que providenciar tudo. Nervoso, começou a escrever numa tabuinha a lista do que ia precisar. Em primeiro lugar, anotou:

— Um camelo.

O verbal tem como fundo as cores azul e creme (ou melhor, areia), nas gradações do céu e do deserto. Em página dupla, céu com lua e estrelas traz destacada a tenda com o Melquior pensativo. Delícia de leitura, tudo o que preocupa Melquior, em sua túnica de Rei Mago, em azul mais forte. Enumera as necessidades: facão afiado, cantil com água, remédio contra enjoo e um *Bom presente para o menino*. Letra maiúscula para o sintagma Menino, e depois grafadas, também em maiúsculas, com espaços entre elas, as letras da palavra: CARRANCUDO.

Prosseguem o azul, o areia, o rei, enfim, a narrativa em sua diacronia, a estrela "Luz viva!". Então, sem rodeios, fica-se sabendo que Carrancudo era o camelo e PLUCTUM, Melquior montou e deu ordem: — Vamos, Carrancudo. Vamos depressa.

Ele queria ser o primeiro a ver o Menino, mas o camelo logo empacou ao lado da oliveira. Depois de muita insistência, o camelo responde: — Ora, seu Melquior. O senhor não percebeu que minha corcova está vazia? Não como e não bebo há muitos e muitos dias.

De barriga vazia, ele não poderia chegar lá. Fazem meia-volta, Carrancudo come à vontade e tudo se repete. O camelo empaca, nova altercação: o rei tinha esquecido o remédio; correria, meia-volta. Também foram esquecidos o facão e o cantil, até o presente fora deixado para trás, e ainda o incenso. O mago já nem podia ver a oliveira na volta do caminho. Teve um acesso de tosse e, quando o camelo parou mais uma vez, nem pôde fazer a pergunta. Tinha perdido a fala. Então o camelo virou a cabeça, lá na ponta do pescoço, deu uma piscadela com o olho esquerdo, assim como se dissesse: — Levou um susto, hein, seu Melquior? E começou a correr, cada vez mais depressa, pelas árvores do deserto. O finalzinho vocês leiam...

Esta obra caracteriza-se pela singeleza, pelo humor, até pela aflição que toma conta de seu leitor, torcendo para que os personagens possam chegar em tempo junto do Menino. A fórmula cumulativo-enumerativa-aditiva, do tipo lengalenga, história-de-nunca-acabar, fórmulas mágicas, é original, criativa, provando que a simplicidade tem grandeza. O traço altamente expressivo de Eva Furnari intensifica todo o clima da narrativa, via cores, espaço e, principalmente, via "expressão facial e caral", respectivamente, do rei Melquior e do camelo Carrancudo... Esperamos ter causado um calafrio geladíssimo nos teóricos do universitês-hermético-impenetrável, ou nos especialistas-egos-internacionalmente-consagrados!!! com a nossa contribuição para a terminologia analítica: "expressividade caral"... É elementar, meus caros Watsons, porém os eruditos esquecem-se de olhar para suas próprias contribuições, em suas intervenções em seminários, congressos, em especial se é o outro que está fazendo exposição.

2. Intertextualidade

Em busca do tesouro de Magritte, de Ricardo da Cunha Lima (FTD), intertextualiza as pinturas de Rend Magritte, pintor surrealista, para montar uma história atual, na qual o suspense, a aventura, o mistério, em linguagem coloquial e do cotidiano dos jovens, são extremamente provocantes. Impossível ficar de fora, a adesão é instantânea. Basta recorrer à "advertência inicial" para sentir o clima que irá predominar. Aliás, constitui ótimo exemplo do que chamamos "motivação", fase que deve preceder a leitura, intermediando, instigando a vontade de iniciá-la. Portanto:

Magritte era um pintor belga. Um pintor que pintava pinturas. Mas o melhor, o mais teru-téu-téu de tudo, é que seus quadros encobrem um tesouro. Sério! Tô mentindo não!

O narrador, então, convida o leitor para montar a charada a partir das pinturas e, se o conseguir, descobrir um incrível tesouro. Segue-se uma galeria de quadros de Magritte, em tamanho pequeno. A partir da página 14, seguirão os quadros ocupando página inteira, ou superpostos (dois ou mais, de tamanhos variados); a partir deles desenrolam-se motivos temáticos, pistas verdadeiras ou não. Registramos uma variedade de recursos estilísticos, estruturais: contrastes, *nonsense*, ironia, sátira, gíria (bufunfa, burranguela). Poderíamos dizer que o narrador faz uma carnavalização dos quadros, na proposta de Bakhtine (já citada).

O *objeto novo* configura-se em totalidade: duas linguagens predominantes — a pintura e o verbal em metalinguagem —, aventura policial, registros diversos de fala, aforismos (onde o-gigante-perdeu-as-botas), recorrências ao gênero policial (serviço secreto, roubo, agente Mil e UM). Comparece o universo cultural das nossas nações indígenas (Murená por Morená, sábio Pajé Monã); mitos (o Morená é o lugar mais antigo do mundo, a criação da noite); humor "Estrada Dali" (o pintor surrealista); cultura e objetos populares: sorvete de flocos, garota *legs-trecs*, sacolas, joias, colares, convite para ir à biblioteca.

A diagramação comparece concretizando o espaço de museu, pois cada página é uma moldura percebida pela profundidade da lateral em cinza (cerca de um centímetro); as notas de rodapé incorporam a parte inferior, em tipo de letra diferenciado e em negrito, e compõem o recurso de proximidade intratexto, entre leitor e narrador virtuais; os quadros também transcrevem, em catalogação, seu título, data, técnica.

Os títulos dos capítulos, em outro tipo de letra (a linguagem grafotipográfica é outra grande presença no livro), compõem também outra contribuição, quer funcionando como índices, quer referenciando. Nas páginas 30 e 31, o autor, partindo da palavra "voou", cria um jogo repetitivo, mas cuja contradição está no significante — voou — que é decomposto espacialmente até configurar um pequeno avião, que decola ascendendo na página, cortando a linha de costura das metades.

— Por favor, vocês falam de jogo repetitivo e contradição, mas não ficou bem claro, podem clarificar?

— Tentaremos. PG pede, mas pra nós é ordem. Vamos lá: voou, voou, voou. Repetição e bater na mesma tecla, ou fazer entender à custa de "água mole em pedra dura, tanto bate até que fura". Ora, no momento em que a repetição se metamorfoseia em avião, de repetição não tem mais nada; passou a existir tão somente criatividade, movimento, renovação. Na página 37, na qual se inicia o capítulo VIII, você vê/lê um painel gradativo reiterativo do sintagma *"mas tão grande"* que se converte em ícone do próprio GIGANTE PAPA-FIGOS, tanto pela configuração visual como espacial das letras em maiúscula.

Multiplicando a intertextualidade e metalinguagem, Nan, apaixonado por Tude, a garota *legs-trecs*, escreve poesia, e o poema em letra cursiva, de cor azul, ocupa três páginas. O livro caminha circularmente para o desfecho com a "advertência final", na qual o narrador abre a narrativa para tantas quantas forem criadas pelos leitores, que poderão utilizar o mesmo recurso estrutural — dispor os quadros de Magritte em ordens diversas. O narrador, tratando o leitor de "você", convida: "Você pode montar os quadros na sequência que quiser, de maneiras diversas, e conseguir várias histórias criadas por você mesmo.

Quer tesouro maior que este? Ganancioso!!!"

A nota de rodapé final é um PS (portanto, *post scriptum*, outro recurso metalinguístico usado nas cartas, bilhetes etc.). Vem em negrito, convidando o leitor a procurar em biblioteca, se tiver gostado das pinturas de Magritte, para conhecer mais sobre ele.

Um livro maduro, de um escritor muito jovem, crescido no amor aos livros transmitido por sua mãe, a bibliotecária Márcia Cruz, sendo ele mesmo comprovação de que o "espaço altamente significativo em termos de livros e leituras" faz de quem com ele convive um encantado da *aventura de ler vivendo*.

De Eva Furnari, *O problema do Clóvis*, com ilustrações da autora, 1ª ed. (Vale Livros). A capa já atrai o leitor pela expressividade das personagens e o equilíbrio das cores. É um resgate de forma, uma paródia, efeito de linguagem que, já vimos, é um recurso cada vez mais explorado nas obras contemporâneas, porém seu registro é antigo, já estava presente na Grécia e em Roma. Neste livro temos uma paródia formal e temática em que estilo e efeitos técnicos são usados como zombaria, tanto quanto se brinca, se caricaturiza a forma e o espírito do texto de base. A paródia é um efeito de deslocamento. O conto parodiado é o dos irmãos Grimm, *O príncipe sapo*, em exercício de metalinguagem, pois o processo de produção de um livro é intratextualizado, mostrando as aflições do profissional de editoração.

Voltando ao tema, este conto de fadas pertence ao ciclo do noivo animal ou marido animal. Eterna busca humana, o atingir a egocidade, a integridade e assegurar nossa identidade. Para tanto, precisamos passar por processos difíceis; sofrer provações, encontrar perigos, conseguir vitórias. Sermos nós mesmos com o outro e nos sentirmos felizes com isso. Desfazer a repressão sobre o sexo, iniciar a viagem para dentro de nós mesmos conquistando a harmonia, o ajuste do nosso lado sombra, para, então, reconciliados com nós mesmos, estarmos prontos para amar o outro. Mas a originalidade desta obra configura-se por constituir um metatexto, uma narrativa cujo tema é a sua própria construção: as dificuldades do profissional editor.

O início do livro: páginas totalmente em branco, pois o editor não encontra a história. O verbal, com a marca oral e prosaica: "Ué! Cadê a história? O que aconteceu?". A página 8 ao lado, em branco, iconizando o branco total, ou aturdimento do protagonista, cujo rosto traz, na expressividade da ilustração, a perplexidade estampada. Segue um telefonema bem-humorado, pois ele reclama estar na página 8 e nada de a história começar. Diante das desculpas, pede a remessa imediata das personagens. Estas chegam embaladas, e pelo referencial lemos nos pacotes: "A princesa frágil", além da recomendação para ser mantida em lugar fresco. E, via flecha, para ser mantido "este lado para cima", "cuidado, não virar", e assim por diante. Clóvis percebe que a história veio com os pápeis trocados e, quando a remessa chega, vem em versão japonesa. Esta comparece, inteira e em japonês, para depois o texto de Grimm ter o sexo dos protagonistas também trocado. Na ilustração correspondente, o leitor vê o sapo atirar a bola de ouro para a água e uma princesa aparecer ao lado da boia, flutuando. A princesa surge da água, como a criança do útero... Ainda poderíamos lembrar que sempre é o pai quem entrega a filha para a fera, e geralmente é a mãe quem transmite as informações da vida sexual, sendo muitas vezes a responsável pelo surgimento dos tabus sexuais. Mas retornando ao texto em paródia, o desespero de Clóvis cresce; chega a pedir demissão "desta história".

Finalmente, aparece o texto na íntegra e a página final trará, em cartaz, a autora com sua bibliografia e foto estereotipada, em acentuada rigidez, na qual a metalinguagem comparece, relacionando a personagem Bruxina, da autora: "Aliás, acho que essa bruxa andou por aqui e enfeitiçou este livro. Coitado do Clóvis. O *fim* é preso por um prego, e Clóvis, esgueirando-se nas pontas dos pés, diz: "Que vexame!".

Livro original, leve, com toda a força do humor impregnando a metalinguagem e a intertextualidade. Ótima oportunidade, não só de leitura do conto maravilhoso em si, mas também as atividades e debates podem trazer o universo editorial, a produção dos livros, que a maioria dos alunos, e até mesmo dos docentes, ignora.

De Lúcia Villares, *Cotovia*, desenhos de Helena Alexandrino (Paulinas). De fora a fora, as ilustrações abrem o livro com suavidade de cores, elementos aquáticos, de um lado, e o caminhar direcionado e forte de uma jovem. Seus cabelos denotam a força ou determinação com que se dirige ao seu objetivo: o corpo inclinado, o passo largo. A página seguinte, já com verbal, traz a ilustração dominando todo o espaço. Vemos uma princesa, sentada próxima a um rio, cabeça inclinada em postura recolhida e um sapo, em destaque, entre a ramagem característica da beira d'água (referência aos contos de Grimm). Lemos:

> — Quem levou o meu amado?,
>
> perguntou a moça
>
> ao sapo,
>
> logo que a noite caiu.
>
> — Foi trancado a sete chaves
>
> numa caixa muito preta
>
> que jaz na beira do rio.

A moça interroga o Tempo, que passa atarefado, logo responde e some: "— Foi um rei tirano e bravo, que é senhor do céu, do vento, que guarda as nuvens num canto, nos dias de céu vazio". Todo o verbal é intensificado, contaminado pela atmosfera transmitida pelos desenhos: medievalidade, nostalgia, castelos, busca, cotovia, canto dolorido, agudo de amores não resolvidos. Então, pela leitura do poema, vamos sentir a pulsação, a presença aliterante do ditongo *io*, da sibilante *s* (assobio), fricativas (rio), presentificando o correr das águas, frieza, vento sibilante. Então sentiremos a saudade dos cantares e cantigas de amor e amizade... Resgate de forma, em literatura infantil e juvenil de hoje. Poesia subjetiva de tema amoroso, desde a lírica medieval, amor como prisão, a ausência do amado (em serviço na guerra ou a serviço de el-rei). Domina nas linhas poéticas um certo paralelismo, à semelhança das cantigas, escritas em parelhas e com refrão. Este poderia configurar-se no assobio da cotovia, que pontua a narrativa poética, por três vezes. Poema sensível que ressoa no leitor durante muito tempo e que, quanto mais lido, mais descobertas de nuança oferece.

De Lygia Bojunga Nunes, do livro *Tchau* (Agir), analisaremos o conto "A troca e a tarefa", sem, porém, proceder aqui a uma análise exaustiva (pretendemos fazê-lo em outro espaço), mas observar a articulação de linguagens que concentra. Em conto do realismo fantástico, em trabalho artesanal com a linguagem, contrapondo usos em estranhamento com uma coloquialidade intimista, Lygia criou este conto excepcional. Uma das mais felizes contribuições sobre o "fazer literário". Entre as marcas pontuais, faz reincidente uso das aspas, parênteses, negrito, diversidade de tipo de letras, causando efeitos enfáticos. Domina no conto a função metalinguística, pois o texto fala de si mesmo, como se constrói, quando, descendo a grande detalhismo. As ilustrações de Regina Yolanda evidenciam seu domínio da arte, quer na originalidade das capitulares, na ocupação do espaço (já agora falando do livro todo), quer nos desenhos fortemente sugestivos, em branco e preto, nos traços a bico de pena. O conto desenrola-se em gradação crescente em suas várias dimensões: ação, emoção, diagramação, clímax final. Neste comparecem a linguagem verbal, a espacial, a grafotipográfica, a metalinguagem mediante a nota final de rodapé. O asterisco intratextualizando a narradora-escritora, que só nesse momento assume a onisciência, revelando o detalhe final da morte da escritora-personagem.

Quando a personagem-autora começa a apresentar indícios de doença, tudo se precipita; as letras, iconizando o agravamento de sua saúde, são grafadas em inclinação gradativa crescente. As orações, contrastivamente, vão declinando em tamanho. A brevidade presentifica a extrema fraqueza da protagonista. Termina o livro, com um lápis quebrado ao meio, a palavra incompleta "paix…". Portanto, percebe-se a articulação presidindo o clímax, que se adensa nucleando as diversas contribuições de linguagens variadas. Um metatexto maior, atestando o estatuto de maturidade do gênero de literatura infantil e juvenil, assinado por escritora consagrada internacionalmente com o Prêmio Hans Christian Andersen.

A grande presença, entre centenas de títulos nascentes na Bienal Internacional do Livro de 1992, foi o lançamento do livro *Cântico dos cânticos*, de Ângela Lago (Paulinas), direção editorial de Edmir Perrotti. Com expressa autorização do professor Perrotti, transcrevemos o folheto que acompanha a obra. Sob o título lemos "uma leitura através das imagens". Pareceu-nos auspicioso este *gran finale*:

O olhar sagrado

Edmir Perrotti

Faz alguns anos. Conversava com Ângela Lago sobre criação, literatura, livros infantis, essas coisas. Conversa gostosa, sem compromisso, de amigos. De repente, não sei dizer como, vejo-me passeando num sonho absolutamente fascinante: o encontro de uma quase-menina, de seus 12/13 anos, com o poema bíblico "Cântico dos cânticos":

> "Beija-me com beijos de tua boca!
> Teus amores são melhores do que o vinho,
> o odor dos teus perfumes é suave,
> Teu nome é como um óleo escorrendo
> e as donzelas se enamoram de ti...
>
> Arrasta-me contigo, corramos!
> Leva-me, ó rei, aos teus aposentos
> e exultemos! Alegremo-nos em ti!
> Mais que o vinho, celebremos teus amores!
> Com razão se enamoram de ti...

Ao concluir seu relato do encontro mágico, num esforço visivelmente sobre-humano, Ângela sussurrou: "Gostaria tanto de traduzir esse deslumbramento em imagens, mas não sei como!".

Aquele "não sei como!" repercutiu forte em mim. Apesar de quase inaudível, era a consciência clara da dificuldade que desde sempre atormenta os criadores. Por outro lado, parecia-me o desafio que o artista lança a si mesmo quando seu desejo de expressão ganha urgência.

Sem saber muito bem o que dizer nessas horas, fiz o convencional. Manifestei meu apoio pela ideia, estimulei Ângela a ir atrás de seu sonho.

Passados seis anos da conversa "inútil", olho para este "Cântico dos cânticos" como se olhasse para um milagre. Ele não só reverencia a grandeza do poema que lhe serviu de inspiração, ao "escondê-lo" dentro de suas páginas, como é também um poema visual com vida própria, autônoma, realização completa de uma artista que superou a si mesma ao aceitar novos riscos e desafios.

Como as grandes obras, esta também permite todas as leituras. É "aberta", no sentido de eco. Pode ser tanto um livro lúdico, capaz de divertir crianças com suas "ilusões" — três colunas que viram quatro, escadas que só sobem ou só descem, história que começa no fim e termina no começo (ou vice-versa?), que pode ser lida de trás pra frente, de frente pra trás —, como é também um livro para adolescentes que se iniciam nos segredos do amor, ou para adultos, às voltas com intricadas questões existenciais. A poesia deste "Cântico" restaura a alegria do congraçamento, ao se oferecer enquanto obra que pode ser lida prazerosamente por leitores de diferentes condições. As referências às iluminuras, às miniaturas medievais e islâmicas, a William Morris e a Escher, o barroquismo e o maneirismo das imagens são tratados com tal propriedade que podem ser desfrutados de diferentes formas, sem se perderem. Ângela acolhe tanto o leitor "ingênuo" como o erudito, tanto o principiante como o intelectualizado. Como queria Barthes, sua arte é celebração, irmanação, festa.

Além disso, fiel à sua fonte, este "Cântico" solicita um "outro" olhar, uma "outra" disponibilidade. Tal e qual a quase-menina que foi tocada pelo poema bíblico, seu leitor é convidado a passear livre e demoradamente por imagens que não remetem senão a outras imagens, as "nossas" imagens, a nós mesmos. Os labirintos poéticos de Ângela Lago não se rendem ao assalto do consumidor voraz de imagens massificadas. Eles solicitam o olhar sagrado de quem sabe contemplar o mundo e se encantar com seus infinitos mistérios.

Uma leitura através de imagens

Ângela Lago

Não cabe aos autores explicar as suas obras. Acredito que deveríamos imitar as árvores, que oferecem seus frutos sem prefácios ou qualquer conversa. No entanto, a oportunidade de participar desta aula e falar do meu "Cântico dos cânticos" me deixa muito feliz. Venho me sentindo impelida a reconstruir um pouco da história deste livro, neste momento que, em meio a inquietações, estou prestes a entregá-lo ao leitor.

Na verdade, imagino que também o leitor poderá se inquietar diante desse objeto literalmente sem pé nem cabeça e que, podendo ser lido a partir de qualquer uma das capas, não tem princípio nem fim. Espero que, contando a vocês as minhas próprias inquietações, além de me desafogar, encontre alguma simpatia para esta proposta de leitura que não é a usual.

Publiquei, faz tempo, um livro de imagens sem texto, *Outra vez*, que talvez vocês conheçam. Quero me referir a ele, para explicar por que considero pouco usual a leitura que agora proponho. No *Outra vez*, as imagens narram uma ou diversas pequenas histórias a serem descobertas e construídas pelo leitor. As imagens fazem ficção, fazem uma prosa, mesmo que poética. Este novo livro pretende ser a leitura de um poema, quer ser poema. A ênfase das imagens não está, portanto, na sua capacidade de narrar, mas na capacidade de evocar. Ao contrário da prosa, "discurso que vai em linha reta até o fim", o verso é o que volta quando ele está completo. Falaremos mais sobre isto adiante.

Um outro paralelo entre os dois livros é o do leitor virtual ou potencial. Sempre acreditei ser possível escrever e desenhar para crianças, embora não queira excluir do meu trabalho o adulto e sua leitura. Acredito que isto esteja claro nos livros que publiquei. Os referenciais que venho usando, a linguagem, o vocabulário, sejam eles visuais ou literários, são referenciais da infância, ou de minha infância. Com eles tento comunicar-me sobretudo com a criança, mesmo que esta criança ainda seja um pedaço de mim, neste espelho narcísico dos autores. Assim, a ausência do texto é facilmente compreensível em *Outra Vez*, cujo leitor ainda não é necessariamente letrado. Mas este não é o caso do *Cântico dos cânticos*, em que esta ausência tem motivações menos claras. Tenho de confessar ainda que, neste trabalho, embora a princípio acreditasse estar me dirigindo a jovens e adolescentes, pouco a pouco a imagem do meu leitor se diluiu e hoje já não sei mais qual é a sua face ou idade.

Um terceiro e último paralelo: a questão do término da leitura. Mesmo que o final de *Outra vez* nos remeta ao início, ele é conclusivo: termina, alivia. *Cântico dos cânticos*, por sua vez, desconforta-nos, deixando-nos desamparados na sua circularidade inconclusa.

Pretendo falar, no meu *Cântico dos cânticos*,[1] do infinito: "o amor é forte como a morte", diz o texto bíblico. E se este verso é o verso da esperança, ele também nos remete às perguntas da angústia ou, pelo menos, à desmesura da paixão.

Na realidade, este livro é uma história de amor apaixonado, de uma leitora por um livro. Ainda menina de uns 14 anos li, por acaso, na Bíblia, o "Cântico dos cânticos". Quase trinta anos depois, pensei que seria capaz de recuperar esta primeira leitura juvenil. Não me lembro mais em que momento acreditei que seria necessário mais: além de recuperá-la, revê-la a partir do meu olhar de mulher de meia-idade. Durante muito tempo acreditei estar trabalhando nesta direção. Agora vejo que meu coração continua adolescendo vida afora, que meu fascínio diante deste poema persiste, e o arrebatamento de hoje talvez em quase nada difira do arrebatamento da menina que fui.

---

[1] O texto do Antigo Testamento, atribuído a Salomão, merece, por sua beleza, o nome de "Cântico dos cânticos". A repetição da palavra "cântico", diz Hendrik van Loon, em sua *História da Bíblia*, "faz-se para dar a entender um superlativo de perfeição literária, querendo dizer que essa é a mais bela de todas as canções". No meu trabalho, o nome "Cântico dos cânticos" ganha um outro sentido: o de ser um cântico feito de cânticos. Um cantar feito de dois cantares. O recomeço da leitura pela outra capa acentua uma sequência que pode nos remeter aos mitos de renovação.

É preciso, portanto, ver este livro construído sob o signo da paixão,[2] sob este signo — um signo que não se ordena e está aquém ou além de qualquer lógica. É preciso considerar a possibilidade de a nossa maturidade cronológica não nos liberar da perplexidade e a de continuarmos falando da ilusão na ilusão.

Durante longos seis anos, ocupei-me, de alguma forma, com este projeto. No entanto, vou entregar ao leitor umas poucas páginas: alguns desenhos. Não há sequer uma história, já que, como lhes disse, a intenção era fazer um poema. Dois jovens se buscam e se perdem: é tudo. Se o leitor for bastante condescendente, para ver mais uma vez o livro a partir da outra

---

[2] O texto do "Cântico dos cânticos" de Salomão é também construído sob este signo e "seu entendimento é obscurecido pelas dificuldades que se hão de ver em todos os escritos nos quais se traduzem as grandes paixões ou afetos", diz frei Luis de Leon, em sua *Vérsion y exposición de el Cantar de los cantares*.

Escrito originalmente em hebraico, idioma de poucas palavras, sempre com múltiplos sentidos, é um texto de difícil tradução. As versões que encontramos deste poema são bastante diferentes entre si. Seus comentaristas nos oferecem distintas interpretações: por exemplo, a de que se trata de epitalâmios, cantos nupciais, celebrando a união de Salomão com a filha do rei do Egito, ou de éclogas, que cantam os amores entre um pastor e uma pastora.

Temos ainda interpretações que sugerem que o "Cântico dos cânticos" era originalmente um poema único com estrutura dramática. O texto narraria, então, a história da esposa camponesa que, saudosa de casa, convence Salomão a abandonar o palácio e voltar com ela ao campo. Em outra interpretação, a esposa camponesa escapa de Salomão, em busca do namorado pastor.

Na minha leitura, "Cântico dos cânticos" é um poema, ou uma série de poemas, em que dois enamorados se encontram e se perdem e novamente se buscam, em aproximações e afastamentos que se sucedem. O ponto-chave deste projeto foi, por isto, o de tentar um livro sem final, funcionando como a Banda de Moebius, numa construção ininterrupta.

O folheto que acompanha o livro contém ainda notas e explicações, que o leitor deve ler com a obra em mãos. Pensamos que por se tratar de trabalho de mais-valia, não se pode deixar de adquiri-lo e lê-lo inúmeras vezes.

Encerramos aqui este trabalho, na esperança de ter contribuído para uma leitura mais integrada das linguagens, não um olhar direcionado apenas para o verbal. Tanto o livro do passado, como, em especial, o de vanguarda, quando encerram as linguagens verbal e não verbal, exigem um olhar integrador, tátil, criador.

Como escreveu Gaetan Picon no livro *O escritor e sua sombra*: "A obra oferece-se ao nosso olhar". Fazemos votos que olhem sempre a vida na sua multiplicidade de textos, com o "olhar de descoberta", como se fosse pela primeira vez, com o assombro da descoberta, a emoção da admiração. Esse é o olhar inaugurador de nós mesmos e de nossas relações com o mundo.

Portanto, PG, olho arregalado para poder fazer arregalar o olho, assim como a Bruxinha da Eva e o Zé Diferente da Lúcia.

capa, de novo, estes vagos personagens se aproximarão e se afastarão. Todo o livro terminou por se resumir, quem sabe, em um único verso. Uma curta oração, feita em um quarto escuro, com a matéria de um sonho. E talvez por isto, eu tenha que pedir ao leitor até mais do que duas leituras: uma contemplação. Tenho que lhe pedir não mais que ele reinvente ou construa histórias, mas que se permita o devaneio poético.

Usei, como referencial de linguagem nestes desenhos, as iluminuras, as miniaturas medievais e islâmicas e inclusive citei o que delas foi retomado, no final do século passado, por William Morris. Há ainda algum barroquismo ou maneirismo, na medida em que tento descentrar o olhar com inúmeras espirais e provocar algo parecido com meu sentimento de deslumbramento.

É uma clara evocação a Escher, o artista gráfico que explorou o infinito, e cujas fascinantes gravuras conheci ainda adolescente também. A partir do estudo da obra deste artista, inventei outras e novas perspectivas que ignoram suas leis e desenham escadas impossíveis, colunas que sugerem dois planos em apenas um, ou que são mais numerosas no topo que na base. São construções que só são cabíveis na irrealidade das duas dimensões que a folha de papel oferece e não na realidade tridimensional.

Talvez estes detalhes, que explorei na tentativa de criar uma atmosfera de sonho, passem despercebidos e o leitor veja mais além. Talvez seja este o meu desejo: que a leitura se construa fora de qualquer domínio.

Por algum motivo este livro se quis silencioso. Durante muito tempo acreditei que não poderia prescindir de um texto. Procurei usar fragmentos de diferentes versões dos "Cânticos", integrando estes fragmentos aos *layouts*, de forma a parecer que o texto estava sendo descoberto, desvelado, como se a ilustração estivesse superposta ao texto e, ao descolar uma ponta, voltássemos a vislumbrá-lo. Para isto, simulei na ilustração uma dobra num ângulo da página, de maneira que duas falas se apresentassem em páginas opostas.

Foram muitas tentativas, algumas tresloucadas. Mas minha impressão sempre era de que, com texto, as imagens se legendavam e perdiam amplitude. Ao mesmo tempo, temia desviar o leitor da busca de uma versão completa do "Cântico dos cânticos", o texto do meu encantamento, ao qual eu gostaria de o remeter.

Só consegui terminar o livro quando decidi deixá-lo sem palavras. Velei o texto. Cobri o espaço a ele reservado nos desenhos com ornamentos e flores. Páginas se dobram sobre si, querendo, talvez, o *Cântico dos cânticos* intocado, num lugar sagrado, pleno de seus segredos. Assim seja. Que o leitor perplexo seja impulsionado a ler, ou reler, o "Cântico dos cânticos" de Salomão, que por paixão, ou zelo, ou pudor, achei por bem esconder atrás destes desenhos.

BIBLIOGRAFIA

1. Obras de teoria e crítica

BARROS, D. L. P. *Teoria semiótica do texto*. São Paulo, Ática, 1990.

BELLEMIN, N. "Le texte et l'avant text". In: REIS, C. *Dicionário de teoria da narrativa*. São Paulo, Ática, 1988.

BOSI, A. *Refexões sobre a arte*. São Paulo, Ática, 1989.

CAMARGO, L. *Arte-educação da pré-escola* à *universidade*. São Paulo, Nobel, 1989.

CASTRO, E. M. M. *O fim visual do século XX & outros textos críticos*. Nádia Battella Gotlib (org.). São Paulo, Edusp, 1993.

COELHO, N. N. *Literatura & linguagem*. São Paulo, Quíron, 1986.

————. *O conto de fadas*. São Paulo, Ática, 1987.

————. *A literatura infantil*. São Paulo, Quiron, 1987.

————. *Dicionário crítico de literatura infantil e juvenil brasileira*. São Paulo, Edusp, 1991.

COHEN, R. "The statements literary texts do not make". In: *Literary history*, 1982.

FERRARA, L. A. *Leitura sem palavras*. São Paulo, Ática, 1986.

FIGUEIREDO, C. *Dicionário crítico de língua portuguesa*. Lisboa/Rio de Janeiro, Bertrand/ Jackson, s/d.

FISCHER, E. *A necessidade da arte*. Rio de Janeiro, Zahar, 1981.

FREINET, C. *Pedagogia do bom-senso*. São Paulo, Martins Fontes, 1973.

FURNARI, E. *Estudo sobre ilustração de livros infantis*. São Paulo, Faculdade de Arquitetura e Urbanismo, USP, TGI, 1976. Tese de Mestrado. Exemplar datilografado.

————. Relatório sobre a oficina "A comunicação da imagem e sua relação com o texto". In: *Congresso da Fundação Nacional do Livro Infantil e Juvenil - III*. Rio de Janeiro, FNLIJ, 1989. pp. 104-106.

GÓES, L. P. *A aventura da literatura para crianças*. Formas de avaliação da literatura infantil e juvenil através da obra de Francisco Marins. São Paulo, Melhoramentos, 1990.

—————. *Introdução à literatura infantil e juvenil*. São Paulo, Pioneira, 1991.

—————. Um olhar de descoberta. In: *Leitura:* Teoria & prática. 10 anos ALB (Ass. de Leitura do Brasil). Campinas, ano 10, n. 17, jun. 1991.

HUIZINGA, J. *Homo ludens*. Trad. João Paulo Monteiro. São Paulo, Perspectiva, 1980.

JAMES, A. Dreams and myths. In: *Symbols of transformation*. London/New York, 1956, II. Nota 7.

JUNG, C. G. *Symbols of transformation*. London/New York, Bollingen, 1956.

—————.*O livro infantil e juvenil brasileiro*: Bibliografia de ilustradores. São Paulo/ Brasília, Melhoramentos/INL, 1977.

MARTINS, M. H. *Crônica de uma utopia*. Leitura literatura infantil em trânsito. São Paulo, Brasiliense, 1989.

PALO, M. J. & OLIVEIRA, M. R. D. *Literatura infantil, voz da criança*. São Paulo, Ática, 1986.

PEDROSA, M. (org.). Aracy Amaral. *Mundo homem em crise*. São Paulo, Perspectiva, 1975.

PIGNATARI, D. *A criança e os meios de comunicação de massa*. In: *Revista Cultura*. Brasília, ano 9, n. 32, 1979.

—————. *Semiótica & literatura*. São Paulo, Cultrix, 1987.

POUILLON, J. *O tempo no romance*. São Paulo, Cutrix/Edusp, 1974.

POUND, E. *A arte da poesia*. São Paulo, Cultrix/Edusp, 1976.

READ, H. *A arte de agora agora*. São Paulo, Perspectiva, 1972.

REIS, C. & LOPES, A. C. *Dicionário de teoria da narrativa*. São Paulo, Ática, 1988.

WOLFFLIN, H. *História da arte*. Trad. João Azenha Jr. São Paulo, Martins Fontes, 1984.

YOLANDA, R. Expressão criadora, trabalho e ciência. In: *Arte-educação da pré-escola à universidade*. São Paulo, Nobel, 1989.

ZILBERMAN, R. & SILVA, E. T. (org.). *Leitura, perspectivas interdisciplinares*. São Paulo, Ática, 1988.

2. Obras de ficção

ALBUQUERQUE, I. *Uma vez um homem, uma vez um gato.* Il. de Eliardo França. Rio de Janeiro, Conquista/MEC, 1974.

ALVARENGA, T. *A mãe da mãe de minha mãe.* Il. de Ângela Lago. Belo Horizonte, Miguilim, 1988.

ARMOND, H. Il. de Eros Lagrota. *Abro ou não abro.* São Paulo, Melhoramentos, 1990.

AZEVEDO, R. *Aquilo.* Il. do autor. São Paulo, Melhoramentos, 1985.

——————. *Viagem estrelada.* Il. do autor. São Paulo, Melhoramentos, 1985.

——————. *Tá vendo uma velhota de óculos, chinelo, vestido azul de bolinha branca, no portão daquela casa?* Il. do autor. São Paulo, FTD, 1987.

——————. *Amar enquanto há amor.* Il. do autor. São Paulo, Melhoramentos, 1990.

——————. *Às vezes me sinto sem cinto.* Il. do autor. São Paulo, Melhoramentos, 1990.

——————. *Parte sempre a mesma parte.* Il. do autor. São Paulo, Melhoramentos, 1990.

——————. *Ela nada no nada.* Il. do autor. São Paulo, Melhoramentos, 1991.

——————. *Eu invento no vento.* Il. do autor. São Paulo, Melhoramentos, 1991.

BANDEIRA, P. *Uma ideia solta no ar.* Il. de Rogério Borges. São Paulo, Moderna, 1991.

BELINKY, T. *O caso do bolinho.* Il. de Michio Yamashita. São Paulo, Moderna, 1990.

——————. *Os quatro amigos.* Il. de Heloisa Galvês. São Paulo, Paulinas, 1990.

——————. *Di-versos hebraicos.* Trad. e adaptação de Tatiana Belinky e Mira Perlov. Il. de Cláudia Scatamacchia. São Paulo, Scipione, 1991.

BORGES, R. *Caçador.* Il. do autor. Porto Alegre, Kuarup, 1987.

——————. *O ovo.* Il. do autor. Porto Alegre, Kuarup, 1987.

——————. *A mãe da gruta.* Il. do autor. São Paulo, FTD, 1988.

——————. *Urutau é moça encantada.* Il. do autor. São Paulo, FTD, 1988.

——————. *O mergulho maluco.* Il. do autor. São Paulo, Moderna, 1991.

——————. *O rugido do rei e o visitante.* Il. do autor. Porto Alegre, Kuarup, 1991.

CAMARGO, L. *O cata-vento e o ventilador.* São Paulo, FTD, 1986.

CAMARGO, L. *Mancha*. São Paulo, Moderna, 1991 (Coleção Hora da Fantasia).

CAPARELLI, S. *Boi da cara preta*. Il. de Caulos. Porto Alegre, LP&M, 1983.

————. *ABCDEFGHIJLMNOPQRS Tigres no quintal*. Il. de Gilson Radaelli. Porto Alegre, Kuarup, 1989.

CLAVER, R. *O jardim dos animais*. Il. de Ana Raquel. São Paulo, FTD, 1988.

FURNARI, E. *Não confunda*. Il. da autora. São Paulo, Moderna, 1991 (Coleção Hora da Fantasia).

————. *Filó e Marieta*. Il. da autora. São Paulo, Paulinas, 1983 (Coleção Ponto de Encontro, Série Amendoim).

————. *Zuza e Arquimedes*. Il. da autora. São Paulo, Paulinas, 1983 (Coleção Ponto de Encontro, Série Amendoim).

————. *Quem cochicha o rabo espicha*. Il. da autora. São Paulo, FTD, 1986 (Coleção Ping-Pong).

————. *Quem embaralha se atrapalha*. Il. da autora. São Paulo, FTD, 1986 (Coleção Ping-Pong).

————. *Quem espia se arrepia*. Il. da autora. São Paulo, FTD, 1986 (Coleção Ping-Póing).

————. *De vez em quando*. Il. da autora. São Paulo, Ática, 1988.

————. *A menina e o dragão*. Il. da autora. Belo Horizonte, Formato, 1990 (Coleção As Meninas).

————. *Ritinha bonitinha*. Il. da autora. Belo Horizonte, Formato, 1990 (Coleção as Meninas).

————. *Você troca*. Il. da autora. São Paulo, Moderna, 1991 (Coleção Hora da Fantasia).

FÉLIX, M. *O ratinho que morava no livro*. Il. da autora. São Paulo, Melhoramentos, 1982.

FITTIPALDI, C. *Cada ponto aumenta um conto*. Il. da autora. São Paulo, Editora do Brasil, 1986.

————. *Linguagem dos pássaros*. Il. da autora. São Paulo, Melhoramentos, 1988.

————. *Pequena história de gente e bicho*. Il. da autora. São Paulo, Melhoramentos, 1992.

FRANÇA, M & E. *O rabo do gato*. Il. de Eliardo França. São Paulo, Ática, 1976 (Coleção Gato e Rato).

————. *Dia e noite*. Il. Eliardo França. São Paulo, Ática, 1982 (Coleção Gato e Rato).

————. *Sapato novo*. Il. de Eliardo França. São Paulo, Ática, 1990 (Coleção Gato e Rato).

FREIRE, N. *A casa da joaninha*. Il. de Cláudio Zirotti. Rio de Janeiro. Berlindis & Vertecchia, 1982.

GÓES, L. P. *O maravilhoso sr. Grão-de-Café*. Il. de Antonio Sérgio Grell. São Paulo, Quiron, 1975.

————. *Dráuzio*. Il. Walter Ono. São Paulo, Melhoramentos, 1984.

————. *A maior boca do mundo*. Il. de Claudia Scatamacchia. São Paulo, Ática, 1984.

————. *Vira, ARIV, VIRA lobisomem*. Il. de Ana Raquel. São Paulo, Brasil, 1988.

————. *Posso ir também?* Il. de Daisy Startari. São Paulo, Scipione, 1989.

————. *Falando pelos cotovelos*. Il. de Michio Yamashita. São Paulo, Moderna, 1990.

————. *Bate coração*. Original não publicado.

GÓES, L. P. & GÓES, A. *Oir*. São Paulo, Saxônia, 1991 (Livro de madeira).

————. *Patota animalda*. São Paulo, Saxônia, 1991 (Livro de madeira).

————. *A menina do canto A*. Aparecida, SP, Vale Livros, 1992.

GUEDES, A. *Cobra cega*. Il. do autor. São Paulo, Moderna, 1990.

KIRINUS, G. *O menino do mar*. Il. de Mariângela Haddad. São Paulo, Melhoramentos, 1990.

JUNQUEIRA, S. *O que aconteceu no caldeirão da bruxa?* Il. de Carlos Jorge. Belo Horizonte, Formato, 1989 (Coleção Caldeirão da Bruxa).

————. *Será que estou virando monstro?* Il. de Carlos Jorge. Belo Horizonte, Formato, 1989 (Coleção Caldeirão da Bruxa).

————. *Jacaré perdeu a boca*. Il. de Cláudia Scatamacchia. São Paulo, Moderna, 1991 (Coleção "No Caminho do Perde-Acha).

————. *O peixinho perdeu o inho*. Il. de Cláudia Scatamacchia. São Paulo, Moderna, 1991 (Coleção "No Caminho do Perde-Acha).

LAGO, Â. *Uni, duni e tê*. Il. da autora. Belo Horizonte, Comunicação, 1982.

————. *Outra vez*. Il. da autora. Belo Horizonte, Miguilim, 1989.

————. *Cântico dos cânticos*. Il. da autora. São Paulo, Paulinas, 1992.

MACHADO, A. M. *História meio ao contrário*. Il. de Humberto Guimarães. São Paulo, Ática, 1980.

MACHADO, A. M. & CALVI, G. *Um avião e uma viola*. Il. de Gian Calvi. São Paulo, Melhoramentos, 1982.

MACHADO, J. *Ida e volta*. Il. do autor. Rio de Janeiro, Agir, 1986.

MURRAY, R. K. *Retratos*. Belo Horizonte, Miguilin, 1990.

NEJAR, C., *Zão*. Il. de Eliana B. Brandão. São Paulo, Melhoramentos, 1987.

NETO, P. C. *A garota Amália*. Il. de Áurea Amaral. São Paulo, Melhoramentos, 1989.

NUNES, L. B. *Tchau*. Il. de Regina Yolanda. Rio de Janeiro, Agir, 1985.

ORTHOF, S. *Doce, doce... e quem comeu regalou-se*. Il. de Tato (Samuel Gostkorzevicz). São Paulo, Paulinas, 1987.

PALO, M. J. *História em Hai-Kai*. Il. de Kris Palo. São Paulo, Vale Livros, 1992.

PASSOS, I. C. *Tapete verde*. Il. da autora. Belo Horizonte, Vigília, 1981 (Coleção Conte Esta História).

PAULA, L. G. *Piabinha*. Il. de Ciça Fittipaldi. São Paulo, FTD, 1989 (Coleção SOS Natureza).

————. *A tartaruga*. Il. de Ciça Fittipaldi. São Paulo, FTD, 1989 (Coleção SOS Natureza).

————. *O tucumaré*. Il. de Ciça Fittipaldi. São Paulo, FTD, 1989 (Coleção SOS Natureza).

REDOL, A. *A vida mágica da sementinha*. Il. de Soares Rocha. Lisboa, Europa-América, 1986.

RENNÓ, R. C. *Que planeta é esse?* Il. da autora. São Paulo, FTD, 1989 (Coleção Roda Pião).

RIBEIRO, J. H. *O sr. Jequitibá*. São Paulo, Quinteto, 1987.

RIOS, M. G. *Chuva choveu*. Il. de Débora Camisasca. Belo Horizonte, Miguilim, 1988.

RIOS, R. *Marília, mar e ilha.* Il. da autora. São Paulo, Estação Liberdade/Fundação Nestlé, 1991.

ROCHA, R. *Nicolau tinha uma ideia.* Il. de Walter Ono. São Paulo, Abril Cultural, 1977 (Coleção Beija Flor).

——. *O reizinho mandão.* Il. Walter Ono. São Paulo, Pioneira, 1982.

ROCHAEL, D. *Maré amarelinha.* Il. da autora. Belo Horizonte, Formato, 1990.

SIGUEMOTO, R. *Se ficar o bicho pega.* Il. da autora. São Paulo, Moderna, 1991 (Coleção Hora da Fantasia).

——. Bum-que-ti-bum-bum. Il. de Martinez. São Paulo, Brasil, 1991.

TELLES, C. Q. *Tem bicho no parquinho.* Il. de Cláudio Atílio. São Paulo, Scipione, 1993 (Coleção Palavra Puxa Palavra).

VALE, M. Passarolindo. Il. do autor. Belo Horizonte, R. H. J., 1989.

VIGNA, E. *A pontinha menorzinha do enfeitinho do fim do cabo de uma colherzinha de café.* Il. de Ana Raquel. Belo Horizonte, Miguilim, 1983.

VILARES, L. *Cotovia.* Il. de Helena Alexandrino. São Paulo, Paulinas, 1987.

WOOD, A. *A casa sonolenta.* Il. de Don Wood. São Paulo, Ática, 1989.

XAVIER, J. J. *História para ninar meninos.* Il. de Cláudia Scatamacchia. São Paulo, Melhoramentos, 1988.

XAVIER, M. *Tem de tudo nesta rua.* Il. do autor. Belo Horizonte, Formato, 1990.

ZIRALDO. *Flicts.* Il. do autor. Rio de Janeiro, Expressão e Cultura, 1969.

——. *O menino maluquinho.* Il. do autor. São Paulo, Melhoramentos, 1981.

——. *O menino mais bonito do mundo.* Il. do autor. São Paulo, Melhoramentos, 1983.

——. *O menino quadradinho.* Il. do autor. São Paulo, Melhoramentos, 1989.

Impresso na gráfica da
Pia Sociedade Filhas de São Paulo
Via Raposo Tavares, km 19,145
05577-300 - São Paulo, SP - Brasil - 2014